JOURNAL
D'UN
HOMME HEUREUX

— UN PHILOSOPHE SOUS LES TOITS —

PUBLIÉ PAR

ÉMILE SOUVESTRE

OUVRAGE COURONNÉ PAR L'ACADÉMIE FRANÇAISE

NOUVELLE ÉDITION
ILLUSTRÉE PAR ADRIEN MARIE

PARIS
MICHEL LÉVY FRÈRES, ÉDITEURS
RUE AUBER, 3, PLACE DE L'OPÉRA
LIBRAIRIE NOUVELLE
BOULEVARD DES ITALIENS, 15, AU COIN DE LA RUE DE GRAMMONT

JOURNAL

D'UN

HOMME HEUREUX

Clichy. — Imprimerie Paul Dupont et Cie, rue du Bac-d'Asnières, 12.

C'est le calendrier de ses sensations.

JOURNAL
D'UN
HOMME HEUREUX

— UN PHILOSOPHE SOUS LES TOITS —

PUBLIÉ PAR

ÉMILE SOUVESTRE

OUVRAGE COURONNÉ PAR L'ACADÉMIE FRANÇAISE

NOUVELLE ÉDITION
ILLUSTRÉE PAR ADRIEN MARIE

PARIS
MICHEL LÉVY FRÈRES, ÉDITEURS
RUE AUBER, 3, ET BOULEVARD DES ITALIENS, 15
A LA LIBRAIRIE NOUVELLE
—
Droits de reproduction et de traduction réservés

A

MADAME NANINE SOUVESTRE

UN

PHILOSOPHE

SOUS LES TOITS

Nous connaissons un homme qui, au milieu de la fièvre de changement et d'ambition qui travaille notre société, a continué d'accepter, sans révolte, son humble rôle dans le monde, et a conservé, pour ainsi dire, le goût de la pauvreté. Sans autre fortune qu'une petite place, dont il vit sur ces étroites limites qui séparent l'aisance de la misère, notre philosophe regarde, du haut de sa mansarde, la société comme une mer dont il ne souhaite point les richesses et dont il ne craint pas les naufrages. Tenant trop peu de place pour exciter l'envie de personne, il dort tranquillement enveloppé dans son obscurité.

Non qu'il se soit retiré dans l'égoïsme comme la tortue dans sa carapace! C'est l'homme de Térence, qui ne se croit étranger à rien de ce qui est humain. Tous les objets et tous les incidents du dehors se réfléchissent en lui, ainsi que dans une chambre obscure où ils décalquent leur image. Il regarde la société en lui-même avec la patience curieuse des solitaires, et il écrit, pour chaque mois, le journal de ce qu'il a vu ou pensé. C'est *le calendrier de ses sensations,* ainsi qu'il a coutume de le dire.

Admis à le feuilleter, nous en avons détaché quelques pages, qui pourront faire connaître au lecteurs les vulgaires aventures d'un penseur ignoré dans ces douze hôtelleries du temps qu'on appelle des mois.

CHAPITRE PREMIER

LES ÉTRENNES DE LA MANSARDE

1ᵉʳ *janvier*. — Cette date me vient à la pensée dès que je m'éveille. Encore une année qui s'est détachée de la chaîne des âges pour tomber dans l'abime du passé ! La foule s'empresse de fêter sa jeune sœur. Mais, tandis que tous les regards se portent en avant, les miens se retournent en arrière. On sourit à la nouvelle reine, et, malgré moi, je songe à celle que le temps vient d'envelopper dans son linceul.

Celle-ci, du moins, je sais ce qu'elle était et

ce qu'elle m'a donné, tandis que l'autre se présente entourée de toutes les menaces de l'inconnu. Que cache-t-elle dans les nuées qui l'enveloppent ? Est-ce l'orage ou le soleil ?

Provisoirement il pleut, et je sens mon âme embrumée comme l'horizon. J'ai congé aujourd'hui ; mais que faire d'une journée de pluie ? Je parcours ma mansarde avec humeur, et je me décide à allumer mon feu.

Malheureusement, les allumettes prennent mal, la cheminée fume, le bois s'éteint ! Je jette mon soufflet avec dépit, et je me laisse tomber dans mon vieux fauteuil.

En définitive, pourquoi me réjouirais-je de voir naître une nouvelle année ? Tous ceux qui courent déjà les rues, l'air endimanché et le sourire sur les lèvres, comprennent-ils ce qui les rend joyeux? Savent-ils seulement ce que signifie cette fête et d'où vient l'usage des étrennes ?

Ici mon esprit s'arrête pour se constater à lui-même sa supériorité sur l'esprit du vulgaire. J'ouvre une parenthèse dans ma mauvaise humeur, en faveur de ma vanité, et je réunis toutes les preuves de ma science.

(Les premiers Romains ne partageaient l'année qu'en dix mois ; ce fut Numa Pompilius qui y ajouta *janvier* et *février*. Le premier tira son nom de Janus, auquel il fut consacré. Comme il ouvrait le nouvel an, on entoura son commencement d'heureux présages, et de là vint la coutume des visites entre voisins, des souhaits de prospérité et des *étrennes*. Les présents usités chez les Romains étaient symboliques. On offrait des figues sèches, des dattes, des rayons de miel, comme emblème de « la douceur des auspices sous lesquels l'année devait commencer son cours », et une petite pièce de monnaie, nommée *stips*, qui présageait la richesse.)

Ici je ferme la parenthèse pour reprendre ma disposition maussade. Le petit *speech* que je viens de m'adresser m'a rendu content de moi et plus mécontent des autres. Je déjeunerais bien pour me distraire ; mais la portière a oublié mon lait du matin, et le pot de confitures est vide ! Un autre serait contrarié : moi, j'affecte la plus superbe indifférence. Il reste un croûton durci que je brise à force de poignets, et que je grignote nonchalamment comme un homme bien au-dessus des vanités du monde et des pains mollets.

Cependant, je ne sais pourquoi mes idées s'assombrissent en raison des difficultés de la mastication. J'ai lu autrefois l'histoire d'un Anglais qui s'était pendu parce qu'on lui avait servi du thé sans sucre. Il y a des heures dans la vie où la contrariété la plus futile prend les proportions d'une catastrophe. Notre humeur ressemble aux lunettes de spectacle qui, selon le bout, montrent les objets moindres ou agrandis.

Habituellement, la perspective qui s'ouvre devant ma fenêtre me ravit. C'est un chevauchement de toits dont les cimes s'entrelacent, se croisent, se superposent, et sur lesquels de hautes cheminées dressent leurs pitons. Hier encore, je leur trouvais un aspect alpestre, et j'attendais la première neige pour y voir des glaciers ; aujourd'hui, je n'aperçois que des tuiles et des tuyaux de poêle. Les pigeons, qui aidaient à mes illusions agrestes, ne me semblent plus que de misérables volatiles qui ont les toits pour basse-cour ; la fumée qui s'élève en légers flocons, au lieu de me faire songer aux soupiraux du Vésuve, me rappelle les préparations culinaires et l'eau de vaisselle ; enfin le télégraphe que j'aperçois de loin sur la vieille tour de Montmartre, me fait l'effet d'une ignoble potence dont le bras se dresse au-dessus de la cité.

Ainsi, blessés de tout ce qu'ils rencontrent, mes regards s'abaissent sur l'hôtel qui fait face à ma mansarde.

L'influence du premier de l'an s'y fait visiblement sentir. Les domestiques ont un air d'empressement qui se proportionne à l'importance des étrennes reçues ou à recevoir. Je vois le propriétaire traversant la cour avec la mine morose que donnent les générosités forcées, et les visiteurs se multiplier, suivis de commissionnaires qui portent des fleurs, des cartons ou des jouets. Tout à coup la grande porte cochère est ouverte ; une calèche neuve, traînée par des chevaux de race, s'arrête au pied du perron. Ce sont sans doute les étrennes offertes par le mari à la maîtresse de l'hôtel, car elle vient elle-même examiner le nouvel équipage. Elle y monte bientôt avec une petite fille *ruisselante* de dentelles, de plumes, de velours, et chargée de cadeaux qu'elle va distribuer en étrennes. La portière est refermée, les glaces se lèvent, la voiture part.

Ainsi tout le monde fait aujourd'hui un échange de bons désirs et de présents; moi seul, je n'ai rien à donner ni à recevoir. Pauvre solitaire, je ne connais pas même un être préféré pour lequel je puisse former des vœux.

Que mes souhaits d'heureuse année aillent donc chercher tous les amis inconnus, perdus dans cette multitude qui bruit à mes pieds!

A vous d'abord, ermites des cités, pour qui la mort et la pauvreté ont fait une solitude au milieu de la foule! travailleurs mélancoliques condamnés à manger, dans le silence et l'abandon, le pain gagné chaque jour, et que Dieu a sevrés des enivrantes angoisses de l'amour ou de l'amitié!

A vous, rêveurs émus qui traversez la vie les yeux tournés vers quelque étoile polaire, marchant avec indifférence sur les riches moissons de la réalité !

A vous, braves pères qui prolongez la veille pour nourrir la famille; pauvres veuves pleurant et travaillant auprès d'un berceau; jeunes hommes acharnés à vous ouvrir dans la vie une route assez large pour y conduire par la main une femme choisie; à vous tous, vaillants soldats du travail et du sacrifice !

A vous enfin, quels que soient votre titre et votre nom, qui aimez ce qui est beau, qui avez pitié de ce qui souffre, et qui marchez dans le monde comme la vierge symbolique de Byzance, les deux bras ouverts au genre humain !

..... Ici je suis subitement interrompu par des pépiements toujours plus nombreux et plus élevés. Je regarde autour de moi... Ma fenêtre

Une pauvre fille entre et me salue par mon nom.

est entourée de moineaux qui picorent les miettes de pain que, dans ma méditation distraite, je viens d'égrener sur le toit.

A cette vue, un éclair de lumière traverse mon cœur attristé. Je me trompais, tout à l'heure, en me plaignant de n'avoir rien à donner ; grâce à moi, les moineaux du quartier auront leurs étrennes !

Midi. — On frappe à ma porte ; une pauvre fille entre et me salue par mon nom. Je ne la reconnais point au premier abord ; mais elle me regarde, sourit... Ah ! c'est Paulette !... Mais, depuis près d'une année que je ne l'avais vue, Paulette n'est plus la même : l'autre jour, c'était une enfant ; aujourd'hui, c'est presque une jeune fille.

Paulette est maigre, pâle, misérablement vêtue ; mais c'est toujours le même œil bien ouvert et regardant droit devant lui, la même bouche souriant à chaque mot, comme pour solliciter votre amitié, la même voix un peu timide et pourtant caressante. Paulette n'est point jolie, elle passe même pour laide : moi, je la trouve charmante.

Peut-être n'est-ce point à cause de ce qu'elle est, mais à cause de moi. Paulette m'apparaît à travers un de mes meilleurs souvenirs.

C'était le soir d'une fête publique. Les illuminations faisaient courir leurs cordons de feu le long de nos monuments; mille banderoles flottaient au vent de la nuit; les feux d'artifice venaient d'allumer leurs gerbes de flamme au milieu du Champ de Mars. Tout à coup, une de ces inexplicables terreurs qui frappent de folie les multitudes s'abat sur les rangs pressés; on crie, on se précipite; les plus faibles trébuchent, et la foule égarée les écrase sous ses pieds convulsifs. Échappé par miracle à la mêlée, j'allais m'éloigner, lorsque les cris d'un enfant près de périr me retiennent; je rentre dans ce chaos humain, et, après des efforts inouïs, j'en retire Paulette au péril de ma vie.

Il y a deux ans de cela; depuis, je n'avais revu la petite qu'à de longs intervalles, et je l'avais presque oubliée; mais Paulette a la mémoire des bons cœurs; elle vient, au renouvellement de l'année, m'offrir ses souhaits de bonheur. Elle m'apporte, en outre, un plant de violier en fleur; elle-même l'a mis en terre et cultivé; c'est un bien qui lui appartient tout entier, car il a été conquis par ses soins, sa volonté et sa patience.

Le violier [1] a fleuri dans un vase grossier, et Paulette, qui est cartonnière, l'a enveloppé d'un *cache-pot* en papier verni, embelli d'arabesques. Les ornements pourraient être de

1. Violier commun. On appelle aussi violier la giroflée.

meilleur goût, mais on y sent la bonne volonté attentive.

Ce présent inattendu, la rougeur modeste de la petite fille et son compliment balbutié dissipent, comme un rayon de soleil, l'espèce de brouillard qui m'enveloppait le cœur; mes idées passent brusquement des teintes plombées du soir aux teintes les plus roses de l'aurore; je fais asseoir Paulette et je l'interroge gaiement.

La petite répond d'abord par des monosyllabes; mais bientôt les rôles sont renversés, et c'est moi qui entrecoupe de courtes interjections ses longues confidences. La pauvre enfant mène une vie difficile. Orpheline depuis longtemps, elle est restée, avec son frère et sa sœur, à la charge d'une vieille grand'mère qui les a *élevés de misère*, comme elle a coutume de le dire. Cependant, Paulette l'aide maintenant dans la confection des cartonnages, sa petite sœur Perrine commence à coudre, et Henri est apprenti dans une imprimerie. Tout irait bien sans les pertes et sans les chômages, sans les habits qui s'usent, sans les appétits qui grandissent, sans l'hiver qui oblige à acheter son soleil! Paulette se plaint de ce que la chandelle dure trop peu et de ce que le bois coûte trop cher. La cheminée de leur mansarde est si grande, qu'une falourde y produit l'effet d'une allumette; elle est si près du toit, que le vent y renvoie la pluie et qu'on y gèle sur l'âtre en hiver : aussi y ont-ils renoncé. Tout se borne désormais à un réchaud de terre sur lequel cuit le repas. La grand'mère avait bien parlé d'un poêle marchandé chez le revendeur du rez-de-chaussée ; mais celui-ci en a voulu sept francs, et les temps sont trop difficiles pour une pareille dépense; la famille s'est, en conséquence, résignée à avoir froid par économie!

A mesure que Paulette parle, je sens que je sors de plus en plus de mon abattement chagrin. Les premières révélations de la petite cartonnière ont fait naître en moi un désir qui est bientôt devenu un projet. Je l'interroge sur ses occupations de la journée, et elle m'apprend qu'en me quittant elle doit visiter, avec son frère, sa sœur et sa grand'mère, les différentes pratiques auxquelles ils doivent leur travail. Mon plan est aussitôt arrêté : j'annonce à l'enfant que j'irai la voir dans la soirée, et je la congédie en la remerciant de nouveau.

Le violier a été posé sur la fenêtre ouverte, où un rayon de soleil lui souhaite la bienvenue ; les oiseaux gazouillent à l'entour, l'horizon s'est éclairci, et le jour, qui s'annonçait si triste, est devenu radieux. Je parcours ma chambre en chantant, je m'habille à la hâte, je sors.

Trois heures. — Tout est convenu avec mon

voisin le fumiste : il répare le vieux poêle que j'avais remplacé, et me répond de le rendre tout neuf. A cinq heures, nous devons partir pour le poser chez la grand'mère de Paulette.

Minuit. — Tout s'est bien passé. A l'heure dite, j'étais chez la vieille cartonnière encore absente. Mon Piémontais a dressé le poêle tandis que j'arrangeais, dans la grande cheminée, une douzaine de bûches empruntées à ma provision d'hiver. J'en serai quitte pour m'échauffer en me promenant, ou pour me coucher plus tôt.

A chaque pas qui retentit dans l'escalier, j'ai un battement de cœur ; je tremble que l'on ne m'interrompe dans mes préparatifs et que l'on ne gâte ainsi ma surprise. Mais non, voilà que tout est en place : le poêle allumé ronfle doucement, la petite lampe brille sur la table et la burette d'huile a pris place sur l'étagère. Le fumiste est reparti. Cette fois, ma crainte qu'on n'arrive s'est transformée en impatience de ce qu'on n'arrive pas. Enfin, j'entends la voix des enfants ; les voici qui poussent la porte et qui se précipitent... Mais tous s'arrêtent avec des cris d'étonnement.

A la vue de la lampe, du poêle et du visiteur qui se tient comme un magicien au milieu de ces merveilles, ils reculent presque effrayés. Paulette est la première à comprendre ; l'arrivée de la grand'mère, qui a monté moins vite, achève l'explication. — Attendrissement, transports de joie, remercîments !

Mais les surprises ne sont point finies. La jeune sœur ouvre le four et découvre des marrons qui achèvent de griller ; la grand'mère vient de mettre la main sur les bouteilles de cidre qui garnissent le buffet, et je retire du panier que j'ai caché une langue fourrée, un coin de beurre et des pains frais.

Cette fois, l'étonnement devient de l'admiration, la petite famille n'a jamais assisté à un pareil festin ! On met le couvert, on s'assoit, on mange ; c'est fête complète pour tous, et chacun y contribue pour sa part. Je n'avais apporté que le souper ; la cartonnière et ses enfants fournissent la joie.

Que d'éclats de rire sans motif! quelle confusion de demandes qui n'attendent point les réponses, de réponses qui ne correspondent à aucune demande ! La vieille femme elle-même partage la folle gaieté des petits ! J'ai toujours été frappé de la facilité avec laquelle le pauvre oubliait sa misère. Accoutumé à vivre du présent, il profite du plaisir, dès qu'il se présente. Le riche, blasé par l'usage, se laisse gagner plus difficilement ; il lui faut le temps et toutes ses aises pour consentir à être heureux.

La soirée s'est passée comme un instant. La vieille femme m'a raconté sa vie, tantôt souriant, tantôt essuyant une larme. Perrine a chanté une ronde d'autrefois avec sa voix fraîche et enfantine. Henri, qui porte des épreuves aux écrivains célèbres de l'époque, nous a dit ce qu'il en savait. Enfin, il a fallu se séparer, non sans de nouveaux remercîments de la part de l'heureuse famille.

Je suis revenu à petits pas, savourant à plein cœur les purs souvenirs de cette soirée. Elle a été pour moi une grande consolation et un grand enseignement. Maintenant, les années peuvent se renouveler; je sais que nul n'est assez malheureux pour n'avoir rien à recevoir, ni rien à donner.

Comme je rentrais, j'ai rencontré le nouvel équipage de mon opulente voisine. Celle-ci, qui revient aussi de soirée, a franchi le marchepied avec une impatience fébrile, et je l'ai entendue murmurer : *Enfin!*

En quittant la famille de Paulette, moi, j'avais dit : *Déjà!*

CHAPITRE II

LE CARNAVAL

20 février. — Quelle rumeur au dehors ! Pourquoi ces cris d'appel et ces huées ?... Ah ! je me souviens : nous sommes au dernier jour du carnaval ; ce sont les masques qui passent.

Le christianisme n'a pu abolir les bacchanales des anciens temps, il en a changé le nom. Celui qu'il a donné à ces *jours libres* annonce la fin des banquets et le mois d'abstinence qui doit suivre. *Carn-à-val* signifie, mot à mot, *chair à bas !* C'est un adieu de quarante jours aux « benoîtes poulardes et gras jambons » tant célébrés par le chantre de Pantagruel. L'homme se prépare à la privation par la satiété, et achève de se damner avant de commencer à faire pénitence.

Pourquoi, à toutes les époques et chez tous les peuples, retrouvons-nous quelqu'une de ces fêtes folles ? Faut-il croire que, pour les hommes, la raison est un effort dont les plus faibles ont besoin de se reposer par instants ? Condamnés au silence d'après leur règle, les trappistes recouvrent une fois par mois la parole, et, ce jour-là, tous parlent en même temps, depuis le lever du soleil jusqu'à son coucher. Peut-être en est-il de même dans le monde. Obligés toute l'année à la décence, à l'ordre, au bon sens, nous nous dédommageons, pendant le carnaval, d'une longue contrainte. C'est une porte ouverte aux velléités incongrues jusqu'alors refoulées dans un coin de notre cerveau. Comme aux jours des saturnales, les esclaves deviennent pour un instant les maîtres, et tout est abandonné aux *folles de la maison.*

Les cris redoublent dans le carrefour ; les troupes de masques se multiplient, à pied, en voiture et à cheval. C'est à qui se donnera le plus de mouvement pour briller quelques heures, pour exciter la curiosité ou l'envie ; puis, demain, tous reprennent, tristes et fatigués, l'habit et les tourments d'hier.

— Hélas! pensé-je avec dépit, chacun de nous ressemble à ces masques : trop souvent, la vie entière n'est qu'un déplaisant carnaval.

Et cependant l'homme a besoin de fêtes qui détendent son esprit, reposent son corps, épanouissent son âme. Ne peut-il donc les rencontrer en dehors des joies grossières ? Les économistes cherchent depuis longtemps le meilleur emploi de l'activité du genre humain.

Ah ! si je pouvais seulement découvrir le meilleur emploi de ses loisirs ! On ne manquera pas de lui trouver des labeurs ; qui lui trouvera des délassements ? Le travail fournit le pain de chaque jour ; mais c'est la gaieté qui lui donne de la saveur. O philosophes ! mettez-vous en quête du plaisir ! trouvez-nous des divertissements sans brutalité, des jouissances sans égoïsme ; inventez enfin un carnaval qui soit plaisant à tout le monde et qui ne fasse honte à personne.

Trois heures. — Je viens de refermer ma fenêtre ; j'ai ranimé mon feu. Puisque c'est fête pour tout le monde, je veux que ce le soit aussi pour moi. J'allume la petite lampe sur laquelle, aux grands jours, je prépare une tasse de ce café que le fils de ma portière a rapporté du Levant, et je cherche, dans ma bibliothèque, un de mes auteurs favoris.

Voici d'abord l'amusant curé de Meudon ; mais ses personnages parlent trop souvent le langage des halles. — Voltaire ; mais, en raillant toujours les hommes, il les décourage. — Molière ; mais il vous empêche de rire à force de vous faire penser. — Lesage !... arrêtons-nous à lui. Profond plutôt que grave, il prêche la vertu en faisant rire des vices ; si l'amertume est parfois dans l'inspiration, elle s'enveloppe toujours de gaieté ; il voit les misères du monde sans le mépriser, et connaît ses lâchetés sans le haïr.

Appelons ici tous les héros de son œuvre : Gil Blas, Fabrice, Sangrado, l'archevêque de Grenade, le duc de Lerme, Aurore, Scipion ! Plaisantes ou gracieuses images, surgissez devant mes yeux, peuplez ma solitude, transportez-y, pour mon amusement, ce carnaval du monde dont vous êtes les masques brillants.

Par malheur, au moment même où je fais cette invocation, je me rappelle une lettre à écrire qui ne peut être retardée. Un de mes voisins de mansarde est venu me la demander hier. C'est un petit vieillard allègre, qui n'a d'autre passion que les tableaux et les gravures. Il rentre presque tous les jours avec quelque carton, ou quelque toile, de peu de valeur sans doute; car je sais qu'il vit chétivement, et la lettre même que je dois rédiger pour lui prouve sa pauvreté. Son fils unique, marié en Angleterre, vient de mourir, et la veuve, restée sans ressources avec une vieille mère et un enfant, lui avait écrit pour demander asile. M. Antoine m'a prié d'abord de traduire la lettre, puis de répondre par un refus. J'avais promis cette réponse aujourd'hui; remplissons, avant tout, notre promesse.

..... La feuille de papier *Bath* est devant moi ; j'ai trempé ma plume dans l'encrier, et je me gratte le front pour provoquer l'éruption des idées quand je m'aperçois que mon dictionnaire me manque. Or, un Parisien qui veut parler anglais sans dictionnaire ressemble au nourrisson dont on a détaché les lisières ; le sol tremble sous lui, et il trébuche au premier pas. Je cours donc chez le relieur auquel a été confié mon Johnson ; il demeure précisément sur le carré.

La porte est entr'ouverte. J'entends de sourdes plaintes ; j'entre sans frapper, et j'aperçois l'ouvrier devant le lit de son compagnon de chambrée ; ce dernier a une fièvre violente et du délire. Pierre le regarde d'un air de mauvaise humeur embarrassée. J'apprends de lui que son *pays* n'a pu se lever le matin, et que, depuis, il s'est trouvé plus mal, d'heure en heure.

Je demande si on a fait venir un médecin.

— Ah bien, oui ! répond Pierre brusquement ; faudrait avoir pour ça de l'argent de poche, et le *pays* n'a que des dettes pour économies.

— Mais vous, dis-je un peu étonné, n'êtes-vous point son ami ?

— Minute ! interrompt le relieur ; ami comme le *limonier* est ami du *porteur*, à condition que chacun tirera la charrette pour son compte et mangera à part son picotin.

— Vous ne comptez point, pourtant, le laisser privé de soins ?

— Bah ! il peut garder tout le lit jusqu'à demain, vu que je suis de bal.

— Vous le laissez seul ?

— Faudrait-il donc manquer une descente de Courtille parce que le *pays* a la tête brouillée ? demande Pierre aigrement. J'ai rendezvous avec les autres chez le père Desnoyers. Ceux qui ont mal au cœur n'ont qu'à prendre de la réglisse; ma tisane, à moi, c'est le petit blanc.

En parlant ainsi, il dénoue un paquet dont il retire un costume de débardeur, et il procède à son travestissement.

Je m'efforce en vain de le rappeler à des sentiments de confraternité pour le malheureux qui gémit là, près de lui; tout entier à l'espérance du plaisir qui l'attend, Pierre m'écoute avec impatience. Enfin, poussé à bout par cet égoïsme brutal, je passe des remontrances aux reproches; je le déclare responsable des suites que peut avoir, pour le malade, un pareil abandon.

Cette fois, le relieur, qui va partir, s'arrête.

— Mais, tonnerre! que voulez-vous que je fasse? s'écrie-t-il en frappant du pied; est-ce que je suis obligé de passer mon carnaval à faire chauffer des bains de pied, par hasard?

— Vous êtes obligé de ne pas laisser mourir un camarade sans secours! lui dis-je.

— Qu'il aille à l'hôpital, alors!

— Seul, comment le pourrait-il?

Pierre fait un geste de résolution.

— Eh bien, je vas le conduire, reprend-il; aussi bien, j'aurai plus tôt fait de m'en débarrasser... — Allons, debout, *pays!*

Il secoue son compagnon qui n'a point quitté ses vêtements. Je fais observer qu'il est trop faible pour marcher; mais le relieur n'écoute pas : il le force à se lever, l'entraîne en le soutenant, et arrive à la loge du portier qui court chercher un fiacre. J'y vois monter le malade presque évanoui avec le débardeur impatient, et tous deux partent, l'un pour mourir peut-être, l'autre pour dîner à la Courtille!

Six heures. — Je suis allé frapper chez le voisin, qui m'a ouvert lui-même et auquel j'ai remis la lettre, enfin terminée et destinée à la veuve de son fils. M. Antoine m'a remercié avec effusion et m'a obligé à m'asseoir.

C'était la première fois que j'entrais dans la mansarde du vieil amateur. Une tapisserie tachée par l'humidité, et dont les lambeaux pendent çà et là, un poêle éteint, un lit de sangle, deux chaises dépaillées en composent tout l'ameublement. Au fond, on aperçoit un grand nombre de cartons entassés et de toiles sans cadre retournées contre le mur.

Au moment où je suis entré, le vieillard était à table, dînant de quelques croûtes de pain dur qu'il trempait dans un verre d'eau sucrée. Il s'est aperçu que mon regard s'arrêtait sur ce menu d'anachorète, et il a un peu rougi.

— Mon souper n'a rien qui vous tente, voisin ! a-t-il dit en souriant.

J'ai répondu que je le trouvais au moins bien philosophique pour un souper de carnaval. M. Antoine a hoché la tête et s'est remis à table.

— Chacun fête les grands jours à sa manière, a-t-il repris en recommençant à plonger un croûton dans son verre. Il y a des gourmets de plusieurs genres, et tous les régals ne sont point destinés à flatter le palais ; il en existe aussi pour les oreilles et pour les yeux.

J'ai regardé involontairement autour de moi, comme si j'eusse cherché l'invisible festin qui pouvait le dédommager d'un pareil souper.

Il m'a compris sans doute, car il s'est levé avec la lenteur magistrale d'un homme sûr de ce qu'il va faire ; il a fouillé derrière plusieurs cadres, en a tiré une toile sur laquelle il a passé la main, et qu'il est venu placer silencieusement sous la lumière de la lampe.

Elle représentait un beau vieillard qui, assis à table avec sa femme, sa fille et ses enfants, chante, accompagné par des musiciens qu'on aperçoit derrière. J'ai reconnu, au premier aspect, cette composition, que j'avais souvent admirée au Louvre, et j'ai déclaré que c'était une magnifique copie de Jordaens.

— Une copie? s'est écrié M. Antoine; dites un original, voisin, et un original retouché par Rubens ! Voyez plutôt la tête du vieillard, la robe de la jeune femme, et les accessoires. On pourrait compter les coups de pinceau de l'Hercule du coloris. Ce n'est point seulement un chef-d'œuvre, monsieur, c'est un trésor, une relique ! La toile du Louvre passe pour une perle, celle-ci est un diamant.

Et, l'appuyant au poêle de manière à la placer dans son meilleur jour, il s'est remis à tremper ses croûtes, sans quitter de l'œil le merveilleux tableau. On eût dit que sa vue leur communiquait une délicatesse inattendue : il les savourait lentement et vidait son verre à petits coups. Ses traits ridés s'étaient épanouis, ses narines se gonflaient ; c'était bien, ainsi qu'il l'avait dit lui-même, *un festin du regard.*

— Vous voyez que j'ai aussi ma fête, a-t-il repris en branlant la tête d'un air de triomphe ; d'autres vont courir les restaurants et les bals ; moi, voici le plaisir que je me suis donné pour mon carnaval.

— Mais, si cette toile est véritablement si précieuse, ai-je répondu, elle doit avoir un haut prix.

— Eh ! eh ! a dit M. Antoine d'un ton de nonchalance orgueilleuse, dans un bon temps et avec un bon amateur, cela peut valoir quelque chose comme vingt mille francs.

J'ai fait un soubresaut en arrière.

— Et vous l'avez acheté ? me suis-je écrié.

— Pour rien, a-t-il répondu en baissant la voix ; cas brocanteurs sont des ânes : le mien a pris ceci pour une copie d'élève... il me l'a laissé à cinquante louis payés comptant ! ce matin, je les lui ai portés, et maintenant il voudrait en vain se dédire.

— Ce matin ! ai-je répété en reportant involontairement mes regards sur la lettre de refus que M. Antoine m'avait fait écrire à la veuve de son fils, et qui était encore sur la petite table.

Il n'a point pris garde à mon exclamation, et a continué à contempler l'œuvre de Jordaens dans une sorte d'extase.

— Quelle science du clair-obscur ! murmurait-il en grignotant sa dernière croûte avec délices; quel relief! quel feu! Où trouve-t-on cette transparence de teintes, cette magie de reflets, cette force, ce naturel?

Et, comme je l'écoutais immobile, il a pris mon étonnement pour de l'admiration, et il m'a frappé sur l'épaule :

— Vous êtes ébloui! s'est-il écrié avec gaieté, vous ne vous attendiez pas à un pareil trésor! Que dites-vous de mon marché?

— Pardon, ai-je répliqué sérieusement, mais je crois que vous auriez pu le faire meilleur.

M. Antoine a dressé la tête.

— Comment cela? s'est-il écrié; me croiriez-vous homme à me tromper sur le mérite d'une peinture ou sur sa valeur?

— Je ne doute ni de votre goût, ni de votre science; mais je ne puis m'empêcher de penser que, pour le prix de la toile qui vous représente ce repas de famille, vous auriez pu avoir...

— Quoi donc?

— La famille elle-même, monsieur.

Le vieil amateur m'a jeté un regard, non de colère, mais de dédain. Évidemment, je venais de me révéler à lui pour un barbare incapable de comprendre les arts et indigne d'en jouir. Il s'est levé sans répondre, il a repris brusquement le Jordaens, et il est allé le reporter dans sa cachette derrière les cartons.

C'était une manière de me congédier; j'ai salué et je suis sorti.

Sept heures. — Rentré chez moi, je trouve mon eau qui bout sur ma petite lampe; je me mets à moudre le moka et je dispose ma cafetière.

La préparation de son café est, pour un solitaire, l'opération domestique la plus délicate et la plus attrayante ; c'est le *grand œuvre* des ménages de garçon.

Le café tient, pour ainsi dire, le milieu entre la nourriture corporelle et la nourriture spirituelle. Il agit agréablement, tout à la fois, sur les sens et sur la pensée. Son arome seul donne à l'esprit je ne sais quelle activité joyeuse ; c'est un génie qui prête ses ailes à notre fantaisie et l'emporte au pays des *Mille et une Nuits*. Quand je suis plongé dans mon vieux fauteuil, les pieds en espalier devant un feu flambant, l'oreille caressée par le gazouillement de la cafetière qui semble causer avec mes chenets, l'odorat doucement excité par les effluves de la fève arabique, et les yeux à demi voilés sous mon bonnet rabattu, il me semble souvent que chaque flocon de la vapeur odorante prend une forme distincte : j'y vois tour à tour, comme dans les mirages du désert, les différentes images dont mes souhaits voudraient faire des réalités.

D'abord la vapeur grandit, se colore, et j'aperçois une maisonnette au penchant d'une colline. Derrière s'étend un jardin enclos d'aubépines, et que traverse un ruisseau aux bords duquel j'entends bourdonner les ruches.

Puis le paysage grandit encore. Voici des champs plantés de pommiers où je distingue une charrue attelée qui attend son maître. Plus loin, au coin du bois qui retentit des coups de la cognée, je reconnais la hutte du sabotier, recouverte de gazon et de copeaux.

Et, au milieu de tous ces tableaux rustiques, il me semble voir comme une représentation de moi-même qui flotte et qui passe ! C'est mon fantôme qui se promène dans mon rêve.

Les bouillonnements de l'eau près de déborder m'obligent à interrompre cette méditation pour remplir la cafetière. Je me souviens alors qu'il ne me reste plus de crème ; je décroche ma

Dès la porte de la laitière j'entends de longs éclats de rire.

boîte de fer-blanc et je descends chez la laitière.

La mère Denis est une robuste paysanne venue toute jeune de Savoie et qui, contrairement aux habitudes de ses compatriotes, n'est point retournée au pays. Elle n'a ni mari ni enfant, malgré le titre qu'on lui donne ; mais sa bonté, toujours en éveil, lui a mérité ce nom de *mère*. Vaillante créature abandonnée dans la mêlée humaine, elle s'y est faite son humble place en travaillant, en chantant, en secourant, et laissant faire le reste à Dieu.

Dès la porte de la laitière, j'entends de longs éclats de rire. Dans un des coins de la boutique, trois enfants sont assis par terre. Ils portent le costume enfumé des petits Savoyards, et tiennent à la main de longues tartines de fromage blanc. Le plus jeune s'en est barbouillé jusqu'aux yeux, et c'est là le motif de leur gaieté.

La mère Denis me les montre.

— Voyez-moi ces innocents, comme ça se régale ! dit-elle en passant la main sur la tête du petit gourmand.

— Il n'avait pas déjeuné, fait observer son camarade pour l'excuser.

— Pauvre créature ! dit la laitière ; ça est abandonné sans défense sur le pavé de la grande ville, où ça n'a plus d'autre père que le bon Dieu !

— Et c'est pourquoi vous leur servez de mère ? ai-je répliqué doucement.

— Ce que je fais est bien peu, a dit la mère Denis en me mesurant mon lait ; mais tous les jours j'en ramasse quelques-uns dans la rue pour qu'ils mangent une fois à leur faim. Chers enfants ! leurs mères me revaudront ça en paradis... Sans compter qu'ils me rappellent la montagne ! quand ils chantent leur chanson et qu'ils dansent, il me semblent toujours que je revois notre grand-père !

Ici, les yeux de la paysanne sont devenus humides.

— Ainsi vous êtes payée par vos souvenirs du bien que vous leur faites ? ai-je repris.

— Oui, oui, a-t-elle dit, et aussi par leur joie ! Les ris de ces petits, monsieur, c'est comme un chant d'oiseau, ça vous donne de la gaieté et du courage pour vivre.

Tout en parlant, elle a coupé de nouvelles tartines et y a joint des pommes avec une poignée de noix.

— Allons, les chérubins, s'est-elle écriée mettez-moi ça dans vos poches pour demain.

Puis, se tournant de mon côté :

— Aujourd'hui, je me ruine, a-t-elle ajouté ; mais faut bien faire son carnaval.

Je m'en suis allé sans rien dire ; j'étais trop touché.

Enfin je l'avais découvert, le véritable plaisir.

Après avoir vu l'égoïsme de la sensualité et de la pure intelligence, je trouvais le joyeux dévouement de la bonté! Pierre, M. Antoine et la mère Denis avaient fait chacun leur carnaval; mais pour les deux premiers ce n'était que la fête des sens ou de l'esprit, tandis que pour la troisième c'était la fête du cœur!

CHAPITRE III

CE QU'ON APPREND EN REGARDANT PAR SA FENÊTRE

3 *mars*. — Un poëte a dit que la vie était le rêve d'une ombre : il eût mieux fait de la comparer à une nuit de fièvre ! Quelles alternatives d'agitations et de sommeil ! que de malaises, de sursauts, de soifs renaissantes ! quel chaos d'images douloureuses ou confuses ! Toujours entre le repos et la veille, on cherche en vain le calme, et l'on s'arrête au bord de l'activité. Les deux tiers de l'existence humaine

se consument à hésiter, et le dernier tiers à s'en repentir.

Quand je dis *l'existence humaine*, il faut entendre la mienne ! Nous sommes ainsi faits que chacun de nous se regarde comme le miroir de la société ; ce qui se passe dans notre cœur nous paraît infailliblement l'histoire de l'univers. Tous les hommes ressemblent à l'ivrogne qui annonce un tremblement de terre, parce qu'il se sent chanceler.

Et pourquoi suis-je incertain et inquiet, moi, pauvre journalier du monde, qui remplis dans un coin ma tâche obscure, et dont on utilise l'œuvre sans prendre garde à l'ouvrier? Je veux vous le dire à vous, ami invisible, pour qui ces lignes sont écrites ; frère inconnu que les solitaires appellent dans leurs angoisses, confident idéal auquel s'adressent tous les monologues, et qui n'êtes que le fantôme de notre propre conscience.

Un grand événement est survenu dans ma vie! Au milieu de la route monotone que je parcourais tranquillement et sans y penser, un carrefour vient tout à coup de s'ouvrir. Deux chemins se présentent entre lesquels je dois choisir. L'un n'est que la continuation de celui que j'ai suivi jusqu'à ce jour; l'autre, plus large, montre de merveilleuses perspectives. Sur le premier, rien à craindre, mais aussi peu à espérer; sur l'autre, les grands périls et les opulentes réussites! Il s'agit, en un mot, de savoir si j'abandonnerai le modeste bureau dans lequel je devais mourir pour une de ces entreprises hardies où le hasard seul est caissier!

Depuis hier, je me consulte, je compare, et je reste indécis.

D'où me viendra la lumière? qui me conseillera?

Dimanche 4. — Voici le soleil qui sort des brumes de l'hiver; le printemps annonce son approche; une brise amollie glisse sur les toits, et mon violier recommence à fleurir !

Nous touchons à cette douce saison des *reverdies*, tant célébrée par les poëtes sensitifs du XVIe siècle :

> C'est à ce joly moys de may
> Que toute chose renouvelle
> Et que je vous présentay, belle,
> Entièrement le cœur de moy.

Le gazouillement des moineaux m'appelle; ils réclament les miettes que je sème pour eux chaque matin. J'ouvre ma fenêtre, et la perspective des toits m'apparaît dans toute sa splendeur.

Celui qui n'a habité que les premiers étages ne soupçonne point la vérité pittoresque d'un pareil horizon. Il n'a jamais contemplé cet entrelacement de sommets que la tuile colore ; il n'a point suivi du regard ces vallées de gouttières où ondulent les frais jardins de la mansarde, ces grandes ombres que le soir étend sur les pentes ardoisés, et ce scintillement des vitrages qu'incendie le soleil couchant ! Il n'a point étudié la flore de ces alpes civilisées que tapissent les lichens et les mousses ; il ne connaît point les mille habitants qui le peuplent, depuis l'insecte microscopique jusqu'au chat domestique, ce renard des toits, toujours en quête ou à l'affût ; il n'a point assisté enfin à ces mille aspects du ciel brumeux ou serein ; à ces mille effets de lumière qui font de ces hautes régions un théâtre aux décorations toujours changeantes ! Que de fois mes jours de repos se sont écoulés à contempler ce merveilleux spectacle, à en découvrir les épisodes sombres ou charmants, à chercher, enfin, dans ce monde inconnu, les *impressions de voyage* que les touristes opulents cherchent plus bas !

Neuf heures. — Mais pourquoi donc mes voisins ailés n'ont-ils point encore picoré les miettes que je leur ai éparpillées devant ma croisée ? Je les vois s'envoler, revenir se percher au faîtage des fenêtres, et pépier en regardant le festin qu'ils sont habituellement si prompts à dévorer ! ce n'est point ma présence qui peut les effrayer, je les ai accoutumés à manger dans ma main. D'où vient alors cette irrésolution craintive ? J'ai beau regarder, le toit est libre, les croisées voisines sont fermées. J'émiette le pain qui reste de mon déjeuner afin de les attirer par un plus large banquet... Leurs pépiements redoublent ; ils penchent la tête ; les plus hardis viennent voler au-dessus, mais sans oser s'arrêter.

J'émiette le pain qui reste de mon déjeuner.

Allons, mes moineaux sont victimes de quelqu'une de ces sottes terreurs qui font baisser les fonds à la Bourse! Décidément, les oiseaux ne sont pas plus raisonnables que les hommes!

J'allais fermer ma fenêtre sur cette réflexion, quand j'aperçois tout à coup, dans l'espace lumineux qui s'étend à droite, l'ombre de deux oreilles qui se dressent, puis une griffe qui s'avance, puis la tête d'un chat tigré qui se montre à l'angle de la gouttière, Le drôle était là en embuscade, espérant que les miettes lui amèneraient du gibier.

Et moi qui accusais la couardise de mes hôtes! j'étais sûr qu'aucun danger ne les menaçait! je croyais avoir bien regardé partout! je n'avais oublié que le coin derrière moi!

Dans la vie comme sur les toits, que de malheurs arrivent pour avoir oublié un seul coin!

Dix heures. — Je ne puis quitter ma croisée; pendant si longtemps la pluie et le froid l'ont tenue fermée, que j'ai besoin de reconnaître longuement tous les alentours, d'en reprendre possession. Mon regard fouille successivement tous les points de cet horizon confus, glissant ou s'arrêtant selon la rencontre.

Ah! voici des fenêtres sur lesquelles il aimait à se reposer autrefois; ce sont celles de deux voisines lointaines dont les habitudes différentes l'avaient depuis longtemps frappé.

L'une est une pauvre ouvrière levée avant le jour, et dont la silhouette se dessine, bien avant dans la soirée, derrière son petit rideau de mousseline; l'autre est une jeune artiste qui fait arriver, par instants, jusqu'à ma mansarde ses vocalisations capricieuses. Quand leurs fenêtres s'ouvrent. Celle de l'ouvrière ne laisse voir qu'un modeste ménage, tandis que l'autre montre un élégant intérieur ; mais aujourd'hui une foule de marchands s'y pressent ; on détend les draperies de soie, on emporte les meubles, et je me rappelle maintenant que la jeune artiste a passé ce matin sous ma fenêtre enveloppée dans un voile et marchant de ce pas précipité qui annonce quelque trouble intérieur ! Ah ! je devine tout ! ses ressources se sont épuisées dans d'élégants caprices ou auront été emportées par quelque désastre inattendu, et maintenant la voilà tombée du luxe à l'indigence ! Tandis que la chambrette de l'ouvrière entretenue par l'ordre et le travail, s'est modestement embellie, celle de l'artiste est devenue la proie des revendeurs. L'une a brillé un instant, portée par le flot de la prospérité ; l'autre côtoie à petits pas, mais sûrement, sa médiocrité laborieuse.

Hélas ! n'y a-t-il point ici pour tous une

leçon? Est-ce bien dans ces hasardeux essais, au bout desquels se rencontre l'opulence ou la ruine, que l'homme sage doit engager les années de force et de volonté? Faut-il considérer la vie comme une tâche continue qui apporte à chaque jour son salaire, ou comme un jeu qui décide de notre avenir en quelques coups? Pourquoi chercher le danger des chances extrêmes? dans quel but courir à la richesse par les périlleux chemins? Est-il bien sûr que le bonheur soit le prix des éclatantes réussites plutôt que d'une pauvreté sagement acceptée? Ah ! si les hommes savaient quelle petite place il faut pour loger la joie, et combien peu son logement coûte à meubler !

Midi. — Je me suis longtemps promené dans la longueur de ma mansarde, les bras croisés, la tête sur la poitrine ! Le doute grandit en moi comme une ombre qui envahit de plus en plus l'espace éclairé. Mes craintes augmentent ; l'incertitude me devient à chaque instant plus douloureuse ! il faut que je me décide aujourd'hui, avant ce soir ! j'ai dans ma main les dés de mon avenir et je tremble de les interroger.

Trois heures. — Le ciel s'est assombri, un vent froid commence à venir du couchant ; toutes les fenêtres qui s'étaient ouvertes aux rayons d'un beau jour ont été refermées. De l'autre côté de la rue seulement, le locataire du dernier étage n'a point encore quitté son balcon.

On reconnaît le militaire à sa démarche cadencée, à sa moustache grise et au ruban qui orne sa boutonnière ; on le devinerait à ses soins attentifs pour le petit jardin qui décore sa galerie aérienne ; car il y a deux choses particulièrement aimées de tous les vieux soldats, les fleurs et les enfants ! Longtemps obligés de regarder la terre comme un champ de bataille, et sevrés des paisibles plaisirs d'un sort abrité, ils semblent commencer la vie à l'âge où les autres la finissent. Les goûts des premières années, arrêtées chez eux par les rudes devoirs de la guerre, refleurissent, tout à coup, sous leurs cheveux blancs ; c'est comme une épargne de jeunesse dont ils touchent tardivement les arrérages. Puis, condamnés si longtemps à détruire, ils trouvent peut-être une secrète joie à créer et à voir renaître. Agents de la violence inflexible, ils se laissent plus facilement charmer par la faiblesse gracieuse ! Pour ces vieux ouvriers de la mort, protéger les frêles germes de la vie a tout l'attrait de la nouveauté.

Aussi le vent froid n'a pu chasser mon voisin de son balcon. Il laboure le terrain de ses caisses vertes ; il y sème, avec soin, les graines de capucine écarlate, de volubilis et de pois de senteur. Désormais il viendra tous les jours épier leur germination, défendre les pousses naissantes contre l'herbe parasite ou l'insecte, disposer les fils conducteurs pour les tiges grimpantes, leur distribuer avec précaution l'eau et la chaleur !

Que de peines pour amener à bien cette moisson ! Combien de fois je le verrai braver pour elle, comme aujourd'hui, le froid ou le chaud, la bise ou le soleil ! Mais aussi, aux jours les plus ardents de l'été, quand une poussière enflammée tourbillonnera dans nos rues, quand l'œil, ébloui par l'éclat du plâtre, ne saura où se reposer, et que les tuiles échauffées nous brûleront de leurs rayonnements, le vieux soldat, assis sous sa tonnelle, n'apercevra autour de lui que verdure ou que fleurs, et respirera la brise rafraîchie par un ombrage parfumé. Ses soins assidus seront enfin récompensés.

Pour jouir de la fleur, il faut semer la graine et cultiver le bourgeon.

Quatre heures. — Le nuage qui se formait depuis longtemps à l'horizon a pris des teintes plus sombres ; le tonnerre gronde sourdement, la nue se déchire ! Les promeneurs surpris s'enfuient de toutes parts avec des rires et des cris.

Je me suis toujours singulièrement amusé de ces « sauve qui peut » amenés par un subit orage. Il semble alors que chacun, surpris à l'improviste, perde le caractère factice que lui a fait le monde ou l'habitude pour trahir sa véritable nature.

Voyez plutôt ce gros homme à la démarche délibérée, qui, oubliant tout à coup son insouciance de commande, court comme un écolier ! C'est un bourgeois économe qui se donne des airs de dissipateur, et qui tremble de gâter son chapeau.

La-bas, au contraire, cette jolie dame, dont

Le Sauve-qui-peut.

l'allure est si modeste et la toilette si soignée, ralentit le pas sous l'orage qui redouble ! Elle semble trouver plaisir à le braver, et ne songe point à son camail de velours moucheté par la grêle ! C'est évidemment une lionne déguisée en brebis.

Ici, un jeune homme qui passait s'est arrêté pour recevoir dans sa main quelques-uns des grains congelés qu'il examine. A voir, tout à l'heure, son pas rapide et affairé, vous l'auriez pris pour un commis en recouvrement, tandis que c'est un jeune savant qui étudie les effets de l'électricité.

Et ces enfants qui rompent leurs rangs pour courir après les rafales de la giboulée ; ces jeunes filles, tout à l'heure les yeux baissés, qui s'enfuient maintenant avec des éclats de rire ; ces gardes nationaux qui renoncent à l'attitude martiale de leurs jours de service pour se réfugier sous un porche ! L'orage a fait toutes ces métamorphoses.

Le voilà qui redouble ! Les plus impassibles sont forcés de chercher un abri. Je vois tout le monde se précipiter vers la boutique placée en face de ma fenêtre, et qu'un écriteau annonce *à louer*. C'est la quatrième fois depuis quelques mois. Il y a un an que toute l'adresse du menuisier et toutes les coquetteries du peintre avaient été employées à l'embellir ; mais l'abandon des locataires successifs a déjà effacé leur travail ; la boue déshonore les moulures de sa façade ; des affiches de vente au rabais salissent les arabesques de sa devanture. A chaque nouveau locataire, l'élégant magasin a perdu quelque chose de son luxe. Le voilà vide et livré aux passants ! Que de destinées qui lui ressemblent, et ne changent de maître, comme lui, que pour courir plus vîte à la ruine !

Cette dernière réflexion m'a frappé : depuis ce matin, tout semble prendre une voix pour me donner le même avertissement. Tout me crie : « Prends garde ! contente-toi de ton heureuse pauvreté ; les joies demandent à être cultivées avec suite ; n'abandonne pas tes anciens patrons pour te donner à des inconnus ! »

Sont-ce les faits qui parlent ainsi, ou l'avertissement vient-il du dedans ? N'est-ce point moi-même qui donne ce langage à tout ce qui m'entoure ? Le monde n'est qu'un instrument auquel notre volonté prête un accent ! Mais qu'importe si la leçon est sage ? La voix qui parle tout bas dans notre sein est toujours une voix amie, car elle nous révèle ce que nous sommes, c'est-à-dire ce que nous pouvons. La mauvaise conduite résulte, le plus souvent, d'une erreur de vocation. S'il y a tant de sots et de méchants, c'est que la plupart des hommes se méconnaissent eux mêmes. La question n'est pas de savoir ce qui nous convient, mais ce à quoi nous convenons!

Qu'irai-je faire, moi, au milieu de ces hardis aventuriers de la finance? Pauvre moineau né sous les toits, je craindrais toujours l'ennemi qui se cache dans le coin obscur ; prudent travailleur, je penserais au luxe de la voisine si subitement évanoui ; observateur timide, je me rappellerais les fleurs lentement élevées par le vieux soldat, ou la boutique dévastée pour avoir changé de maîtres! Loin de moi les festins au-dessus desquels pendent des épées de Damoclès! Je suis un rat des champs ; je veux manger mes noix et mon lard assaisonnés par la sécurité.

Et pourquoi cet insatiable besoin d'enrichissement? Boit-on davantage parce qu'on boit dans un plus grand verre? D'où vient cette horreur de tous les hommes pour la médiocrité, cette féconde mère du repos et de la liberté? Ah! c'est là surtout le mal que devraient prévenir l'éducation publique et l'éducation privée. Lui guéri, combien de trahisons évitées, que de lâchetés de moins, quelle chaîne de désordres et de crimes à jamais rompue. On donne des prix à la charité, aux sacrifices; donnez-en surtout à la modération, car c'est la grande vertu des sociétés! Quand elle ne crée pas les autres, elle en tient lieu.

Six heures. — J'ai écrit aux fondateurs de la nouvelle entreprise une lettre de remercîment et de refus! Cette résolution m'a rendu la tranquillité. Comme le savetier, j'avais cessé de chanter depuis que je logeais cette opulente espérance; la voilà partie, et la joie est revenue!

O chère et douce Pauvreté, pardonne-moi d'avoir un instant voulu te fuir comme on eût fui l'indigence; établis-toi ici à jamais avec tes charmantes sœurs la Pitié, la Patience, la Sobriété et la Solitude ; soyez mes reines et mes institutrices ; apprenez-moi les austères devoirs de la vie ; éloignez de ma demeure les infirmités de cœur et les vertiges qui suivent la prospérité. Pauvreté sainte ! apprends-moi à supporter sans me plaindre, à partager sans hésitation, à chercher le but de l'existence plus haut que les plaisirs, plus loin que la puissance. Tu fortifies le corps, tu raffermis l'âme, et, grâce à toi, cette vie à laquelle l'opulent s'attache comme à un rocher devient un esquif dont la mort peut dénouer le câble sans éveiller notre désespoir. Continue à me soutenir, ô toi que le Christ à surnommée *la Bienheureuse*.

CHAPITRE IV

AIMONS-NOUS LES UNS LES AUTRES

9 *avril*. — Les belles soirées sont revenues ; les arbres commencent à déplisser leurs bourgeons, les hyacinthes, les jonquilles, les violettes et les lilas parfument les éventaires des bouquetières ; la foule a repris ses promenades sur les quais, sur les boulevards. Après dîner, je suis aussi descendu de ma mansarde pour respirer l'air du soir.

C'est l'heure où Paris se montre dans toute sa beauté. Pendant la journée, le plâtre des façades fatigue l'œil par sa blancheur monotone, les chariots pesamment chargés font trembler les pavés sous leurs roues colossales, la foule empressée se croise et se heurte, uniquement occupée de ne point manquer l'instant des affaires ; l'aspect de la ville entière a quelque chose d'âpre, d'inquiet et de haletant ; mais, dès que les étoiles se lèvent, tout change ; les blanches maisons s'éteignent dans une ombre vaporeuse ; on n'entend plus que le roulement des voitures qui courent à quelque fête ; on ne voit que passants flâneurs ou joyeux ; le travail a fait place aux loisirs. Maintenant chacun respire de cette course ardente à travers les occupations du jour ; ce qui reste de force est donné au plaisir ! Voici les bals qui éclairent leurs péristyles, les spectacles qui s'ouvrent, les boutiques de friandises qui se dressent le long des promenades, les crieurs de journaux qui font briller leur lanterne. Paris a décidément déposé la plume, le mètre et le tablier ; après la journée livrée au travail, il veut la soirée pour jouir ; comme les maîtres de Thèbes, il a remis au lendemain les affaires sérieuses.

J'aime à partager cette heure de fête, non pour me mêler à la gaieté commune, mais pour la contempler. Si la joie des autres aigrit les cœurs jaloux, elle fortifie les cœurs soumis ; c'est le rayon de soleil qui fait épanouir ces deux belles fleurs qu'on nomme la *confiance* et l'*espoir*.

Seul au milieu de la multitude riante, je ne me sens point isolé, car j'ai le reflet de sa gaieté ; c'est ma famille humaine qui se réjouit de vivre ; je prends une part fraternelle à son bonheur. Compagnons d'armes dans la bataille terrestre, qu'importe à qui va le prix de la victoire ? Si la fortune passe à nos côtés sans nous voir, et prodigue ses caresses à d'autres, consolons-nous comme l'ami de Parménion, en disant : « Ceux-là sont aussi Alexandre ! »

Tout en faisant ces réflexions, j'allai devant moi, à l'aventure. Je passais d'un trottoir à l'autre, je revenais sur mes pas, je m'arrêtais aux boutiques et aux affiches. Que de choses à apprendre dans les rues de Paris! Quel Musée! Fruits inconnus, armes étranges, meubles d'un autre temps ou d'autres lieux, animaux de tous les climats, images des grands hommes, costumes des nations lointaines! Le monde est là par échantillons.

Aussi voyez ce peuple dont l'instruction s'est faite le long des vitres et devant l'étalage des marchands! rien ne lui a été enseigné, et il a une première idée de toutes choses, Il a vu des ananas chez Chevet, un palmier au Jardin des Plantes, des cannes à sucre en vente sur le pont

Neuf; les Peaux-Rouges exposées à la salle Valentino lui ont appris à mimer la danse du bison et à fumer le calumet; il a fait manger les lions de Carter; il connaît les principaux costumes nationaux d'après la collection de Babin; les étalages de Goupil lui ont mis sous les yeux les chasses au tigre de l'Afrique et les séances du Parlement anglais; en regardant les gravures des journaux illustrés, il a fait connaissance avec la reine Victoria, l'empereur d'Autriche et Kossuth! On peut certes l'instruire, mais non l'étonner : car aucune chose n'est complétement nouvelle pour lui. Vous pouvez promener le gamin de Paris dans les cinq parties du monde, et, à chaque étrangeté dont vous croirez l'éblouir, il vous répondra par le mot sacramentel et populaire : *Connu*.

Mais cette variété d'exhibitions qui fait de Paris la foire du monde n'offre point seulement au promeneur un moyen de s'instruire ; c'est une perpétuelle excitation pour l'imagination éveillée, un premier échelon toujours dressé devant nos songes. En la voyant, que de voyages entrepris par la pensée, quelles aventures rêvées, combien de merveilleux tableaux ébauchés ! Je ne regarde jamais, près des Bains-Chinois, cette boutique tapissée de jasmins des Florides et pleine de magnolias, sans voir se dérouler devant mes yeux toutes les clairières des forêts du nouveau monde décrites par l'auteur d'*Atala*.

Puis, quand cette étude des choses, et cet entretien avec la pensée ont amené la fatigue, regardez autour de vous ! Quels contrastes de tournures et de physionomies dans la multitude ! Quel vaste champ d'exercice pour la méditation ! L'éclair d'un regard entrevu, quelques mots saisis au passage ouvrent mille perspectives. Vous cherchez à comprendre ces révélations incomplètes, comme l'antiquaire s'efforce de déchiffrer l'inscription mutilée de quelque vieux monument ; vous bâtissez une histoire sur un geste, sur une parole !... Jeux émouvants de l'intelligence qui se repose dans la fiction des lourdes banalités du réel.

Hélas ! en passant près de la porte cochère d'un hôtel, j'ai, tout à l'heure, aperçu un triste sujet pour une de ces histoires. Au coin le moins lumineux, un homme était debout, la tête nue et tendant son chapeau à la charité des passants. Son habit avait cette propreté indigente qui prouve une misère longtemps combattue. Boutonné avec soin, il cachait l'absence du linge. Le visage à demi voilé par de longs cheveux gris et les yeux fermés, comme s'il eût voulu échapper au spectacle de son humiliation, le mendiant demeurait muet, sans mouvement. Les promeneurs passaient avec distraction à côté de cette indigence qu'enveloppaient le silence et l'ombre. Heureux d'échapper à l'importunité de la plainte, ils détournaient les yeux! Tout à coup la porte cochère a glissé sur ses gonds ; un équipage très-bas, garni de lanternes d'argent et traîné par deux chevaux noirs, est sorti doucement, puis s'est élancé vers le faubourg Saint-Germain. A peine ai-je pu distinguer, au fond, le scintillement des diamants et des fleurs de bal. La lueur des lanternes a passé comme une raie sanglante sur la pâle figure du mendiant, ses yeux se sont ouverts, un éclair a illuminé son regard qui a poursuivi l'opulent équipage jusqu'à ce qu'il ait disparu dans la nuit!

J'ai laissé tomber dans le chapeau toujours étendu une légère aumône, et je suis passé vite !

Je venais de surprendre les deux plus tristes secrets du mal qui tourmente notre siècle, l'envie haineuse de celui qui souffre, l'oubli égoïste de celui qui jouit !

Tout le plaisir de cette promenade s'est évanoui ; j'ai cessé de regarder autour de moi pour rentrer en moi-même. Au spectacle animé et mouvant de la rue a succédé la discussion intérieure de tous ces douloureux problèmes écrits depuis quatre mille ans au fond de chacune des luttes humaines, mais plus clairement posés de nos jours.

Je songeais à l'inutilité de tant de combats qui n'avaient fait que déplacer alternativement le malheur avec la victoire, aux malentendus passionnés renouvelant, de génération en génération, la sanglante histoire d'Abel et de Caïn ; et, attristé par ces lugubres images, je marchais à l'aventure, lorsque le silence qui s'était fait autour de moi m'a insensiblement retiré à ma préoccupation.

J'étais arrivé à une de ces rues écartées où l'aisance sans faste et la méditation laborieuse aiment à s'abriter. Aucune boutique ne bordait les trottoirs faiblement éclairés, on n'entendait que le bruit éloigné des voitures et les pas de quelques habitants qui regagnaient tranquillement leurs demeures.

Je reconnus aussitôt la rue, bien que je n'y fusse venu qu'une fois.

Il y avait de cela deux années : à la même époque, je longeais la Seine, dont les berges noyées dans l'ombre laissaient le regard s'étendre en tous sens, et à laquelle l'illumination des quais et des ponts donnait l'aspect d'un lac enguirlandé d'étoiles. J'avais atteint le Louvre, lorsqu'un rassemblement formé près du parapet m'arrêta : on entourait un enfant d'environ six ans, qui pleurait. Je demandai la cause de ses larmes.

— Il paraît qu'on l'a envoyé promener aux Tuileries, me dit un maçon qui revenait du travail, sa truelle à la main ; le domestique qui le conduisait a trouvé là des amis et a dit à l'enfant de l'attendre tandis qu'il allait prendre un *canon* ; mais faut croire que la soif lui sera venue en buvant, car il n'a pas reparu, et le petit ne retrouve plus son logement.

— Ne peut-on lui demander son nom et son adresse ?

— C'est ce qu'ils font depuis une heure ; mais tout ce qu'il peut dire, c'est qu'il s'appelle Charles, et que son père est M. Duval... Il y en a douze cents dans Paris, des Duval.

— Ainsi il ne sait pas le nom du quartier où il demeure ?

— Ah bien, oui ! vous ne voyez donc pas que c'est un petit riche ? Ça n'est jamais sorti qu'en voiture, ou avec un laquais ; ça ne sait pas se conduire tout seul.

Ici, le maçon fut interrompu par quelques voix qui s'élevaient au-dessus des autres.

— On ne peut pas le laisser sur le pavé, disaient les uns.

— Les enleveurs d'enfants l'emporteraient, continuaient les autres.

— Il faut l'emmener chez le commissaire.

— Ou à la préfecture de police.

— C'est cela. — Viens, petit !

Mais l'enfant, que ces avertissements de danger et ces noms de police et de commissaire avaient effrayé, criait plus fort, en reculant vers le parapet. On s'efforçait en vain de le persuader, sa résistance grandissait avec son inquiétude, et les plus empressés commençaient à se décourager, lorsque la voix d'un petit garçon s'éleva au milieu du débat.

— Je le connais bien, moi, dit-il en regardant l'enfant perdu ; il est de notre quartier.

— Quel quartier ?

— Là-bas, de l'autre côté des boulevards, *rue des Magasins*.

— Et tu l'as déjà vu ?

Oui, oui, c'est le fils de la grande maison au bout de la rue, où il y a une porte à grille avec des pointes dorées.

L'enfant redressa vivement la tête, et les larmes s'arrêtèrent dans ses yeux.

Le petit garçon répondit à toutes les questions qui lui furent adressées, et donna des renseignements qui ne pouvaient laisser aucun doute. L'enfant égaré le comprit, car il s'approcha de lui comme s'il eût voulu se mettre sous sa protection.

— Ainsi, tu peux le conduire à ses parents ? demanda le maçon qui avait écouté l'explication avec un véritable intérêt.

— Ça ne sera pas malin, répliqua le petit garçon, c'est ma route.

— Alors, tu t'en charges ?

— Il n'a qu'à venir.

Et, reprenant le panier qu'il avait déposé sur le trottoir, il se dirigea vers la poterne du Louvre.

L'enfant perdu le suivit.

— Pourvu qu'il le conduise bien ! dis-je en les voyant s'éloigner.

— Soyez donc calme, reprit le maçon; le petit en blouse a le même âge que l'autre ; mais, comme on dit, *ça connaît les couleurs*; la misère, voyez-vous, est une fameuse maîtresse d'école !

Le rassemblement s'était dispersé : je me dirigeai à mon tour vers le Louvre ; l'idée m'était venue de suivre les deux enfants afin de prévenir toute erreur.

Je ne tardai pas à les rejoindre; ils marchaient l'un près de l'autre, déjà familiarisés et causant.

Le contraste de leurs costumes frappa alors mes regards. Le petit Duval portait un de ces habillements de fantaisie qui joignent le bon goût à l'opulence : sa veste serrée à la taille était artistement soutachée, un pantalon plissé depuis la ceinture descendait sur des brodequins vernis à boutons de nacre, et une casquette de velours cachait à demi ses cheveux bouclés. La mise de son conducteur, au contraire, indiquait les dernières limites de la pauvreté, mais de celle qui résiste et ne s'abandonne pas. Sa vieille blouse, diaprée de morceaux de teintes différentes, indiquait la persistance d'une mère laborieuse luttant contre les usures du temps; les jambes de son pantalon, devenues trop courtes, laissaient voir des bas reprisés à plusieurs fois, et il était évident que ses souliers n'avaient point été primitivement destinés à son usage.

Les physionomies des deux enfants ne différaient pas moins que leur costume. Celle du premier était délicate et distinguée ; l'œil d'un bleu limpide, la peau fine, les lèvres souriantes, lui donnaient un charme d'innocence et de bonheur ; les traits du second, au contraire, avaient une certaine rudesse ; le regard était vif et mobile, le teint bruni, la bouche moins riante que narquoise ; tout indiquait l'intelligence aiguisée par une précoce expérience ; il marchait avec confiance au milieu des rues que les voitures sillonnaient, et suivait sans hésitation leurs mille détours.

J'appris de lui qu'il apportait tous les jours le dîner de son père, alors occupé sur la rive gauche de la Seine ; la responsabilité dont il était chargé l'avait rendu attentif et prudent. Il avait reçu ces dures mais puissantes leçons de la nécessité que rien n'égale, ni ne remplace. Malheureusement, les besoins du pauvre ménage l'avaient forcé à négliger l'école, et il paraissait le regretter, car souvent il s'arrêtait devant les gravures et demandait à son compagnon de lui en lire les inscriptions.

Nous atteignîmes ainsi le boulevard Bonne-Nouvelle, où l'enfant égaré commença à se reconnaître; malgré la fatigue, il pressa le pas; un trouble mêlé d'attendrissement l'agitait ; à la vue de sa maison, il poussa un cri et courut vers la grille aux pointes dorées; une femme, qui attendait sur le seuil, le reçut dans ses bras, et, aux acclamations de joie, au bruit des baisers, j'eus bientôt reconnu sa mère.

Ne voyant revenir ni le domestique ni l'enfant, elle avait envoyé de tous côtés à leur recherche et attendait dans une anxiété palpitante.

Je lui expliquai, en peu de mots, ce qui était arrivé : elle me remercia avec effusion, et chercha le petit garçon qui avait reconnu et reconduit son fils; mais, pendant notre explication, il avait disparu.

C'était la première fois que je revenais depuis dans ce quartier. La reconnaissance de la mère avait-elle persisté? Les deux enfants s'étaient-ils retrouvés, et l'heureux hasard de leur rencontre avait-il abaissé devant eux cette barrière qui peut distinguer les classes, mais qui ne devrait point les diviser?

Je m'adressais ces questions en ralentissant le pas, et les yeux fixés sur la grande grille que je venais d'apercevoir. Tout à coup je la vis s'ouvrir, et deux enfants parurent sur le seuil. Bien que grandis, je les reconnus au premier coup

Les deux enfants riaient et se dirent amicalement adieu.

d'œil : c'était l'enfant trouvé près du parapet du Louvre et son jeune conducteur. Le costume de ce dernier avait seulement subi d'importantes modifications: sa blouse de toile grise, dont la propreté touchait presque à l'élégance, était serrée à la taille par une ceinture de cuir verni ; il était chaussé de forts souliers, mais faits à son pied, et coiffé d'une casquette de coutil toute neuve.

Au moment où je l'aperçus, il tenait des deux mains un énorme bouquet de lilas auquel son compagnon s'efforçait d'ajouter des narcisses et des primevères ; les deux enfants riaient et se dirent amicalement adieu. Le fils de M. Duval ne rentra qu'après avoir vu son compagnon tourner le coin de la rue.

J'accostai alors ce dernier et lui rappelai notre rencontre ; il me regarda un instant, puis parut me reconnaître.

— Pardon, excuse, si je ne vous salue pas, dit-il gaiement, mais il faut mes deux mains pour le bouquet que m'a donné M. Charles.

—Vous êtes donc devenus bons amis? demandai-je.

— Oh! je crois bien! dit l'enfant; maintenant mon père est riche aussi!

— Comment cela?

— M. Duval lui a prêté un peu d'argent; il s'est mis en chambre où il fabrique pour son compte, et, moi, je vais à l'école.

— Au fait, repris-je en remarquant pour la première fois la croix qui décorait la blouse de l'enfant; je vois que vous êtes *empereur!*

— M. Charles m'aide à étudier, et, comme ça, je suis devenu le plus fort de toute la classe.

— Vous venez alors de prendre votre leçon?

— Oui, et il m'a donné du lilas, car il y a un

jardin où nous jouons ensemble et qui fournit ma mère de fleurs.

— Alors, c'est comme si vous en aviez une part ?

— Juste ! Ah ! ce sont de bons voisins, allez ! Mais me voilà rendu ; au revoir, monsieur.

L'enfant me fit de la tête un salut souriant, et disparut.

Je continuai ma route, pensif, mais le cœur soulagé. Si j'avais vu ailleurs le contraste douloureux de l'opulence et de la misère, ici je trouvais l'alliance amicale de la richesse et de la pauvreté. La bonne volonté avait adouci, des deux côtés, les inégalités trop rudes, et établi entre l'humble atelier et le brillant hôtel un chemin de bon voisinage. Loin de prêter l'oreille à la voix de l'intérêt, chacun avait écouté celle du dévouement, et il n'était resté place ni au dédain ni à l'envie. Aussi, au lieu du mendiant en haillons que j'avais aperçu près de l'autre seuil, maudissant la richesse, je trouvais l'heureux enfant de l'ouvrier chargé de fleurs et la bénissant ! Le problème, si difficile et si périlleux à discuter rien qu'avec le droit, je venais de le voir résolu par l'amour !

CHAPITRE V.

LA COMPENSATION

Dimanche 27 mai. — Les capitales ont cela de particulier que les jours de repos semblent le signal d'un sauve qui peut universel. Comme des oiseaux auxquels la liberté vient d'être rendue, les populations sortent de leurs cages de pierre et s'envolent joyeusement vers la campagne. C'est à qui trouvera une motte verdoyante pour s'asseoir, l'ombre d'un buisson pour s'abriter; on cueille les marguerites de mai, on court dans les champs; la ville est oubliée jusqu'au soir, où l'on revient le chapeau fleuri d'une branche d'aubépine et le cœur égayé d'un doux souvenir; on reprendra le lendemain le joug du travail.

Ces velléités champêtres sont surtout remarquables à Paris. Les beaux jours venus, employés, bourgeois, ouvriers attendent avec impatience chaque dimanche pour aller essayer quelques heures de cette vie pastorale; on fait deux lieues entre les boutiques d'épiciers et de marchands de vin des faubourgs, dans le seul espoir de découvrir un vrai champ de navets. Le père de famille commence l'instruction pratique de son fils en lui montrant du blé qui n'a pas la forme de petits pains et des choux « à l'état sauvage ». Dieu sait que de rencontres, de découvertes, d'aventures! Quel Parisien n'a point eu son Odyssée en parcourant la banlieue et ne pourrait écrire le pendant du fameux *Voyage par terre et par mer de Paris à Saint-Cloud.*

Nous ne parlerons point ici de cette population flottante venue de partout, pour qui notre Babylone française n'est que le caravansérail de l'Europe ; phalange de penseurs, d'artistes, d'industriels, de voyageurs qui, comme le héros d'Homère, ont abordé leur patrie intellectuelle après avoir vu « beaucoup de peuples et de cités » ; mais du Parisien sédentaire, rangé, vivant à son étage comme le mollusque sur son rocher, curieux vestige de la crédulité, de la lenteur et de la bonhomie des siècles passés.

Car une des singularités de Paris est de réunir vingt populations complétement différentes de mœurs et de caractère. A côté des bohémiens du commerce et de l'art, qui traversent successivement tous les degrés de la fortune ou du caprice, vit une paisible tribu de rentiers et de travailleurs établis, dont l'existence ressemble au cadran d'une horloge sur laquelle la même aiguille ramène successivement les mêmes heures. Si aucune autre ville n'offre des vies plus éclatantes, plus agitées, aucune autre ne peut en offrir de plus obscures et de plus calmes. Il en est des grandes cités comme de la mer : l'orage ne trouble que la surface ; en descendant jusqu'au fond, vous trouvez une région inaccessible au mouvement et au bruit.

Pour ma part, je campais au bord de cette région sans l'habiter véritablement. Placé en dehors des turbulences publiques, je vivais réfugié dans mon isolement, mais sans pouvoir détacher ma pensée de la lutte. J'en suivais de loin tous les incidents avec bonheur, ou avec angoisse ; je m'associais aux triomphes ou aux funérailles ! pour qui regarde et qui sait, le moyen de ne pas prendre part ! Il n'y a que l'ignorance qui peut rendre étranger à la vie extérieure; l'égoïsme même ne suffit point pour cela.

Ces réflexions que je faisais à part moi, dans ma mansarde, étaient entrecoupées par tous les « actes domestiques » auxquels se livre forcément un célibataire qui n'a d'autre serviteur que sa bonne volonté. En poursuivant mes déductions, j'avais ciré mes bottes, brossé mon habit, noué ma cravate; j'étais enfin arrivé à ce moment solennel où l'on se demande, comme Dieu après la création du monde, *si l'on trouve cela bien.*

Une grande résolution venait de m'arracher à mes habitudes : la veille, des affiches m'avaient appris que c'était fête à Sèvres, que la manufacture de porcelaine serait ouverte au public. Séduit, le matin même, par la beauté du ciel, je m'étais subitement décidé à y aller.

En arrivant au débarcadère de la rive gauche, j'aperçus la foule qui se hâtait, attentive à ne point manquer l'heure. Outre beaucoup d'autres avantages, les chemins de fer auront celui d'accoutumer les Français à l'exactitude. Certains d'être commandés par l'heure, ils se résigneront à lui obéir; ils apprendront à attendre quand ils ne pourront plus être attendus. Les vertus sociales sont surtout de bonnes habitudes. Que de grandes qualités inoculées à certains peuples par la position géographique, par la nécessité politique, par les institutions! La création d'une monnaie d'airain trop lourde et trop volumineuse pour être entassée tua, pour un temps, l'avarice chez les Lacédémoniens.

Je me suis trouvé dans un wagon près de deux sœurs déjà sur le retour, appartenant à la classe des Parisiens casaniers et paisibles dont j'ai parlé plus haut. Quelques complaisances de bon voisinage ont suffi pour m'attirer leur confiance ; au bout de quelques minutes, je savais toute leur histoire.

Ce sont deux pauvres filles restées orphelines à quinze ans et qui, depuis, ont vécu comme vivent les femmes qui travaillent, d'économie et de privations. Fabriquant depuis vingt ou trente ans des agrafes pour la même maison, elles ont vu dix maîtres s'y succéder et s'enrichir, sans que rien ait changé dans leur sort. Elles habitent toujours la même chambre, au fond d'une de ces impasses de la rue Saint-Denis où l'air et le soleil sont inconnus. Elles se mettent au travail avant le jour, le prolongent après la nuit, et voient les années se joindre aux années sans que leur vie ait été marquée par aucun autre événement que l'office du dimanche, une promenade ou une maladie.

La plus jeune de ces dignes ouvrières a quarante ans et obéit à sa sœur comme elle le faisait toute petite. L'aînée la surveille, la soigne et la gronde avec une tendresse maternelle. Au premier instant, on rit, puis on ne peut s'empêcher de trouver quelque chose de touchant dans ces deux enfants en cheveux gris dont l'une n'a pu se désaccoutumer d'obéir, l'autre de protéger.

Et ce n'est point en cela seulement que mes deux compagnes sont plus jeunes que leur âge : ignorantes de tout, elles s'étonnent sans cesse. Nous ne sommes point arrivés à Clamart qu'elles s'écrieraient volontiers, comme le roi de la ronde enfantine, qu'elles ne *croyaient pas le monde si grand!*

C'est la première fois qu'elles se hasardent sur un chemin de fer, et il faut voir les saisissements, les frayeurs, les résolutions courageuses ! tout les émerveille ! Elles ont dans leur âme un arriéré de jeunesse qui les rend sensibles à ce qui ne nous frappe ordinairement que dans les premières années. Pauvres créatures qui, en ayant gardé les sensations d'un autre âge, en ont perdu la grâce ! Mais n'y a-t-il pas quelque chose de saint dans cette ingénuité que leur a conservée le jeûne de toutes les joies? Ah ! maudit soit le premier qui a eu le triste courage d'enchaîner le ridicule à ce nom de vieille fille qui rappelle tant de déceptions douloureuses, tant d'ennuis, tant de délaissement ! Maudit celui qui a pu trouver un sujet de sarcasme dans un malheur involontaire : et qui a couronné d'épines des cheveux blanchis !

Les deux sœurs s'appellent Françoise et Madeleine ; leur voyage d'aujourd'hui est un coup d'audace sans exemple dans leur vie. La fièvre du siècle les a gagnées à leur insu. Hier, Madeleine a subitement jeté cette idée de promenade; Françoise l'a accueillie sur-le-champ. Peut-être eût-il mieux valu ne point céder à la tentation offerte par la jeune sœur ; mais « on fait des folies à tout âge », comme le remarque philosophiquement la prudente Françoise. Quant à Madeleine, elle ne regrette rien ; c'est le mousquetaire du ménage.

— Il faut bien s'amuser, dit-elle, « on ne vit qu'une fois ».

Et la sœur ainée sourit à cette maxime épicurienne. Il est évident que toutes deux sont dans une crise d'indépendance.

Du reste, ce serait grand dommage que le regret vînt déranger leur joie ! elle est si franche, si expansive ! La vue des arbres qui semblent courir des deux côtés de la route leur cause une incessante admiration. La rencontre d'un train qui passe en sens inverse, avec le bruit et la rapidité de la foudre, leur fait fermer les yeux et jeter un cri ; mais tout a déjà disparu ! Elles regardent, se rassurent, s'émerveillent. Madeleine déclare qu'un pareille spectacle vaut le prix du voyage, et Françoise en tomberait d'accord si elle ne songeait, avec un peu d'effroi, au déficit dont une pareille dépense doit charger leur budget. Ces trois francs consacrés à une seule promenade, c'est l'économie d'une semaine entière de travail. Aussi la joie de l'aînée des deux sœurs est-elle entrecoupée de remords; l'enfant prodigue retourne par instants les yeux vers la ruelle du quartier Saint-Denis.

Mais le mouvement et la succession des objets viennent la distraire. Voici le pont du Val encadré dans son merveilleux paysage : à droite, Paris avec ses grands monuments qui découpent la brume ou étincellent au soleil; à gauche, Meudon avec ses *villas*, ses bois, ses vignes et son château royal! Les deux ouvrières vont d'une portière à l'autre en jetant des cris d'admiration. Nos compagnons de voyage rient de cette surprise enfantine ; moi, je me sens attendri, car j'y vois le témoignage d'une longue et monotone reclusion ; ce sont des prisonnières du travail qui ont retrouvé, pour quelques heures, l'air et la liberté.

Enfin, le train s'arrête ; nous descendons. Je montre aux deux sœurs le sentier qui conduit jusqu'à Sèvres, entre le chemin de fer et les jardins ; elles partent en avant tandis que je m'informe des heures de retour.

Je les retrouve bientôt à la station suivante, où elles se sont arrêtées devant le petit jardin du garde-barrière ; toutes deux sont déjà en conversation réglée avec l'employé, qui bine ses platesbandes et y trace des rayons pour les semis de fleurs. Il leur apprend que c'est l'époque où les herbes parasites sont le plus utilement sarclées, où l'on fait les boutures et les marcottes, où l'on sème les plantes annuelles, où l'on enlève les pucerons des rosiers. Madeleine a sur le rebord de sa croisée deux caisses où, faute d'air et de soleil, elle n'a jamais pu faire pousser que du cresson ; mais elle se persuade que, grâce à ces instructions, tout va prospérer désormais. Enfin le garde-barrière, qui sème une bordure de réséda, lui donne un reste de graines qu'il n'a pu employer, et la vieille fille s'en va ravie, recommençant, à propos de ces fleurs en espérance, le rêve de Perrette à propos du pot au lait.

Arrivé au quinconce d'acacias où se célèbre la fête, je perds de vue les deux sœurs. Je parcours seul cette exhibition de loteries en plein vent, de parades de saltimbanques, de carrousels et de tirs à l'arbalète. J'ai toujours été frappé de l'entrain des fêtes champêtres. Dans les salons, on est froid, sérieux, souvent ennuyé : la plupart de ceux qui viennent là sont amenés par l'habitude ou par des obligations de société ;

dans les réunions villageoises, au contraire, vous ne trouvez que des assistants qu'attire l'espoir du plaisir. Là-bas, c'est une conscription forcée ; ici ce sont les volontaires de la gaieté ! Puis, quelle facilité à la joie ! comme cette foule est encore loin de savoir que ne se plaire à rien et railler tout est le suprême bon ton ! Sans doute ces amusements sont souvent grossiers ; la délicatesse et l'idéalité leur manquent ; mais ils ont du moins la sincérité. Ah ! si l'on pouvait garder à ces fêtes leur vivacité joyeuse en y mêlant un sentiment moins vulgaire ! Autrefois, la religion imprimait aux solennités champêtres son grand caractère, et purifiait le plaisir sans lui ôter sa naïveté !

C'est l'heure où les portes de la manufacture de porcelaine et du musée céramique s'ouvrent au public ; je retrouve dans la première salle Françoise et Madeleine. Saisies de se voir au milieu de ce luxe royal, elles osent à peine marcher ; elles parlent bas comme dans une église.

— Nous sommes chez le roi ! dit l'ainée des sœurs, qui oublie toujours que la France n'en a plus.

Je les encourage à avancer ; je marche devant et elles se décident à me suivre.

Que de merveilles réunies dans cette collection où l'on voit l'argile prendre toutes les formes, se teindre de toutes les couleurs, s'associer à toutes les substances !

La terre et le bois sont les premières matières travaillées par l'homme, celles qui semblaient plus particulièrement destinées à son usage. Ce sont, comme les animaux domestiques, des accessoires obligés de sa vie : aussi y a-t-il entre eux et nous des rapports plus intimes. La pierre, les métaux demandent de longues préparations ; ils résistent à notre action immédiate, et appartiennent moins à l'homme qu'aux sociétés ; le bois et la terre sont, au contraire, les instruments premiers de l'être isolé qui veut se nourrir ou s'abriter.

C'est là sans doute ce qui me fait trouver tant de charmes à la collection que j'examine. Ces tasses grossièrement modelées par le sauvage m'initient à une partie de ses habitudes ; ces vases d'une élégance confuse qu'a pétris l'Indien me révèlent l'intelligence amoindrie dans laquelle brille encore le crépuscule d'un soleil autrefois étincelant ; ces cruches surchargées d'arabesques montrent la fantaisie arabe grossièrement traduite par l'ignorance espagnole ! On trouve ici le cachet de chaque race, de chaque pays et de chaque siècle.

Mes compagnes paraissent peu préoccupées de ces rapprochements historiques ; elles regardent tout avec l'admiration crédule qui n'examine ni ne discute. Madeleine lit l'inscription placée sous chaque œuvre, et sa sœur répond par une exclamation de surprise.

Nous arrivons ainsi à une petite conr où l'on a jeté les fragments de quelques tasses brisées. Françoise aperçoit une soucoupe presque entière et à ornements coloriés dont elle s'empare ; ce sera pour elle un souvenir de la visite qu'elle vient de faire ; elle aura désormais, dans son ménage, un échantillon de cette porcelaine de Sèvres, *qui ne se fabrique que pour les rois !* Je ne veux pas la détromper en lui disant que les produits de la manufacture se vendent à tout le monde, que sa soucoupe avant d'être écornée, ressemblait à celles des boutiques à douze sous ! Pourquoi détruire les illusions de cette humble existence ? Faut-il donc briser sur la haie toutes les fleurs qui embaument nos chemins ? Le plus souvent les choses ne sont rien en elles-mêmes ; l'idée que nous y attachons leur donne seul du prix. Rectifier les innocentes erreurs pour ramener à une réalité inutile, c'est imiter le savant qui ne veut voir dans une plante que les éléments chimiques dont elle se compose.

En quittant la manufacture, les deux sœurs, qui se sont emparées de moi avec la liberté des bons cœurs, m'invitent à partager la collation qu'elles ont apportée. Je m'excuse d'abord ; mais leur insistance a tant de bonhomie, que je crains de les affliger, et je cède avec quelque embarras.

Il faut seulement chercher un lieu favorable. Je leur fais gravir le coteau, et nous trouvons une pelouse émaillée de marguerites qu'ombragent deux noyers.

Madeleine ne se possède point de joie. Toute sa vie elle a rêvé un dîner sur l'herbe ! En aidant sa sœur à retirer du panier les provisions, elle me raconte toutes les parties de campagne projetées et remises. Françoise, au contraire, a été élevée à Montmorency ; avant de rester orpheline, elle est plusieurs fois retournée chez sa nourrice. Ce qui a, pour sa sœur, l'attrait de la nouveauté, a pour elle le charme du souvenir. Elle raconte les vendanges auxquelles ses parents l'ont conduite ; les promenades sur l'âne de la mère Luret, qu'on ne pouvait faire aller à droite qu'en le poussant à gauche ; la cueillette des cerises et les navigations sur le lac, dans la barque du traiteur.

Ces souvenirs ont toute la grâce, toute la fraicheur de l'enfance. Françoise se rappelle moins ce qu'elle a vu que ce qu'elle a senti. Pendant qu'elle raconte, le couvert a été mis ; nous nous asseyons au pied d'un arbre. Devant nous serpente la vallée de Sèvres, dont les maisons étagées s'appuient aux jardins et aux carrières du coteau ; de l'autre côté s'étend le parc de Saint-Cloud, avec ses magnifiques ombrages entrecoupés de prairies ; au-dessus s'ouvre le ciel comme un océan immense dans lequel naviguent les nuées ! Je regarde cette belle nature, et j'écoute ces bonnes vieilles filles ; j'admire et je m'intéresse ; le temps passe doucement sans que je m'en aperçoive.

Enfin le soleil baisse ; il faut songer au retour. Pendant que Madeleine et Françoise enlèvent le couvert, je descends à la manufacture pour savoir l'heure.

La fête est encore plus animée ; l'orchestre fait retentir ses éclats de trombone sous les acacias, je m'oublie quelques instants à regarder ; mais j'ai promis aux deux sœurs de les reconduire à la station de Bellevue : le convoi ne peut tarder ; je me hâte de remonter le sentier qui mène aux noyers.

Près d'arriver, j'entends des voix de l'autre côté de la haie; Madeleine et Françoise parlent à une pauvre fille dont les vêtements sont brûlés, les mains noires et le visage enveloppé de linges sanglants. Je comprends que c'est une des jeunes ouvrières employées à la fabrique de poudre fulminante établie plus haut, sur les bruyères. Une explosion a eu lieu quelques jours auparavant; la mère et la sœur aînée de la jeune fille ont péri; elle-même a échappé par miracle et se trouve aujourd'hui sans ressource. Elle raconte tout cela avec l'espèce de langueur résignée de ceux qui ont toujours souffert. Les deux sœurs sont émues; je les vois se consulter tout bas, puis Françoise tirer d'une petite bourse de filoselle trente sous qui leur restent, et les donner à la pauvre fille.

Je presse le pas pour faire le tour de la haie;

mais, près d'en atteindre le bout, je rencontre les vieilles sœurs qui me crient qu'elles ne prennent plus le chemin de fer, qu'elles s'en retournent à pied.

Je comprends alors que l'argent destiné au voyage vient d'être donné à la mendiante !

Le bien a, comme le mal, sa contagion : je cours à la jeune fille blessée ; je lui remets le prix de ma place, et je retourne vers Françoise et Madeleine, en leur déclarant que nous ferons route ensemble. . . . .

Je viens de les reconduire jusque chez elles ; je les ai laissées enivrées de leur journée, dont le souvenir les rendra longtemps heureuses.

Ce matin, je plaignais ces destinées obscures et sans plaisirs ; maintenant, je comprends que Dieu a mis des compensations à toutes les épreuves. La rareté des distractions donne à la moindre joie une saveur inconnue. La jouissance est seulement dans ce qu'on sent, et les hommes blasés ne sentent plus ; la satiété a ôté à leur âme l'appétit, tandis que la privation conserve ce premier des dons humains, *la facilité du bonheur !*

Ah ! voilà ce que je voudrais persuader à tous ; aux riches pour qu'ils n'abusent point, aux pauvres pour qu'ils aient patience.

Si la joie est le plus rare des biens, c'est que l'acceptation est la plus rare des vertus.

Madeleine et Françoise ! pauvres vieilles filles déshéritées de tout, sauf de courage, de résignation et de bon cœur, priez pour les désespérés qui s'abandonnent eux-mêmes, pour les malheureux qui haïssent et envient, pour les insensibles qui jouissent et n'ont point de pitié !

CHAPITRE VI

L'ONCLE MAURICE

7 juin. Quatre heures du matin. — Je ne m'étonne pas d'entendre, lorsque je me réveille, les oiseaux chanter si joyeusement autour de ma fenêtre; il faut habiter comme eux et moi le dernier étage pour savoir jusqu'à quel point le matin est gai sous les toits! C'est là que le soleil envoie ses premiers rayons, que la brise arrive avec la senteur des jardins et des bois, là qu'un papillon égaré s'aventure parfois à travers les fleurs de la mansarde, et que les refrains de l'ouvrière diligente saluent le lever du jour. Les étages inférieurs sont encore plongés dans le sommeil, le silence et l'ombre, qu'ici règnent déjà le travail, la lumière et les chants !

Quelle vie autour de moi! voilà l'hirondelle qui revient de la provision, le bec plein d'insectes pour ses petits; les moineaux secouent leurs ailes humides de rosée en se poursuivant dans les rayons de soleil; mes voisines entr'ouvrent leurs fenêtres, et leurs frais visages saluent l'aurore! Heure charmante de réveil où tout se reprend à la sensation et au mouvement, où la première lueur frappe la création pour la faire revivre comme la baguette magique frappait le palais de la Belle au bois dormant. Il y a un moment de repos pour toutes les angoisses; les souffrances du malade s'apaisent, et un souffle d'espoir se glisse dans les cœurs abattus. Mais ce n'est, hélas! qu'un court répit! tout reprendra bientôt sa marche ! la grande machine humaine va se mettre en mouvement avec ses longs efforts, ses lourds gémissements, ses froissements et ses ruines !

Le calme de cette première heure me rappelle celui des premières années. Alors aussi, le soleil brille gaiement, la brise parfume, toutes les illusions, ces oiseaux du matin de la vie, gazouillent autour de nous ! Pourquoi s'envolent-elles plus tard ? D'où viennent cette tristesse et cette solitude qui nous envahissent insensiblement ? La marche semble la même pour l'individu et pour les sociétés ; on part d'un bonheur facile, d'enchantements naïfs, pour arriver aux désillusions et aux amertumes. La route commencée parmi les aubépines et les primevères, aboutit rapidement aux déserts ou aux précipices ! Pourquoi tant de confiance d'abord, puis tant de doute ? La science de la vie n'est-elle donc destinée qu'à rendre impropre au bonheur? Faut-il se condamner à l'ignorance pour conserver l'espoir? Le monde et l'individu ne doivent-ils enfin trouver de repos que dans une éternelle enfance?

Combien de fois déjà je me suis adressé ces questions! La solitude a cet avantage, ou ce danger, de faire creuser toujours plus avant les mêmes idées. Sans autre interlocuteur que soi-même, on donne toujours à la conversation les mêmes tendances; on ne se laisse détourner ni par les préoccupations d'un autre esprit, ni par les caprices d'une sensation différente; on revient sans cesse, par une pente involontaire, frapper aux mêmes portes!...

J'ai interrompu mes réflexions pour ranger ma mansarde. Je hais l'aspect du désordre, parce qu'il constate ou le mépris pour les détails, ou l'inaptitude à la vie intérieure. Classer les objets au milieu desquels nous devons vivre, c'est établir entre eux et nous des liens d'appropriation et de convenance ; c'est préparer les habitudes sans lesquelles l'homme tend à l'état sauvage. Qu'est-ce, en effet, que l'organisation sociale, sinon une série d'habitudes convenues d'après des penchants naturels ?

Je me défie de l'esprit et de la moralité des gens à qui le désordre ne coûte aucun souci, qui vivent à l'aise dans les écuries d'Augias. Notre entourage reflète toujours plus ou moins notre nature intérieure. L'âme ressemble à ces lampes voilées qui, malgré tout, jettent au dehors une lueur adoucie. Si les goûts ne trahissaient point le caractère, ce ne seraient plus des goûts, mais des instincts.

En rangeant tout dans ma mansarde, mes yeux se sont arrêtés sur l'almanach de cabinet suspendu à ma cheminée. Je voulais m'assurer de la date, j'ai lu ces mots écrits en grosses lettres : *Fête-Dieu!*

C'est aujourd'hui ! Rien ne le rappelle dans notre grande cité où la religion n'a plus de solennités publiques ; mais c'est bien l'époque si heureusement choisie par la primitive Église. « La fête du Créateur, dit Chateaubriand, arrive au moment où la terre et le ciel déclarent sa puissance, où les bois et les champs fourmillent de générations nouvelles ; tout est uni par les plus doux liens ; il n'y a pas une seule plante veuve dans les campagnes. »

Que de souvenirs ces mots viennent d'éveiller en moi ! Je laisse là ce qui m'occupait ; je viens m'accouder à la fenêtre, et, la tête appuyée sur mes deux mains, je retourne, en idée, vers la petite ville où s'est écoulée ma première enfance.

La *Fête-Dieu* était alors un des grands événements de ma vie ! Pour mériter d'y prendre part, il fallait longtemps d'avance se montrer laborieux et soumis. Je me rappelle encore avec quels ravissements d'espérance je me levais ce jour-là ! Une sainte allégresse était dans l'air. Les voisins, éveillés plus tôt que de coutume, tendaient le long de la rue des draps parsemés de bouquets ou des tapisseries à personnages. J'allais de l'une à l'autre, admirant, tour à tour, les scènes de sainteté du moyen âge, les compositions mythologiques de la renaissance, les batailles antiques arrangées à la Louis XIV, et les bergeries de madame de Pompadour. Tout ce monde de fantômes semblait sortir de la poussière du passé pour venir assister, immobile et silencieux, à la sainte cérémonie. Je regardais, avec des alternatives d'effroi et d'émerveillement, ces terribles guerriers aux cimeterres toujours levés, ces belles chasseresses lançant une flèche qui ne partait jamais, et ces gardeurs de moutons en culottes de satin, toujours occupés à jouer de la flûte aux pieds de bergères éternellement souriantes. Parfois, lorsque le vent courait derrière ces tableaux mobiles, il me semblait que les personnages s'agitaient, et je m'attendais à les voir se détacher de la muraille pour prendre leur rang dans le cortége ! Mais ces impressions étaient vagues et fugitives. Ce qui dominait tout le reste était une joie expansive et cependant tempérée. Au milieu de ces draperies flottantes, de ces fleurs effeuillées, de ces appels de jeunes filles, de cette gaieté qui s'exhalait de tout comme un parfum, on se sentait emporté malgré soi. Les bruits de la fête retentissaient dans le cœur en mille échos mélodieux. On était plus indulgent, plus dévoué, plus aimant ! Dieu ne se manifestait point seulement au dehors, mais en nous-mêmes.

Et que d'autels improvisés ! que de berceaux

de fleurs ! que d'arcs de triomphe en feuillage ! quelle émulation entre les divers quartiers pour la construction de ces *reposoirs* où la procession devait faire halte ! C'était à qui fournirait ce qu'il avait de plus rare, de plus beau.

J'y ai trouvé l'occasion de mon premier sacrifice ! Les guirlandes étaient à leurs places, les cierges allumés, le tabernacle orné de roses ; mais il en manquait une qui pût lui servir de couronne ! Tous les parterres du voisinage avaient été moissonnés. Seul, je possédais la fleur digne d'une telle place. Elle ornait le rosier donné par ma mère à mon jour de naissance. Je l'avais attendue depuis plusieurs mois, et nul autre bouton ne devait s'épanouir sur l'arbuste. Elle était là, à demi entr'ouverte, dans son nid de mousse, objet d'une longue espérance et d'un naïf orgueil J'hésitais quelques instants ! nul ne me l'avait demandée ; je pouvais facilement éviter sa perte! Aucun reproche ne devait m'atteindre; mais il s'en élevait un sourdement en moi-même. Quand tous les autres s'étaient dépouillés, devais-je seul garder mon trésor? Fallait-il donc marchander à Dieu un des présents que je tenais de lui, comme tout le reste? A cette dernière pensée, je détachai la fleur de sa tige et j'allai la placer au sommet du tabernacle.

Ah! pourquoi ce sacrifice, qui fut pour moi si difficile et si doux, m'a-t-il laissé un souvenir qui me fait sourire aujourd'hui? Est-il bien sûr que le prix de ce que l'on donne soit dans le don lui-même, plutôt que dans l'intention? Si le verre d'eau de l'Évangile doit être compté au pauvre, pourquoi la fleur ne serait-elle point comptée à l'enfant? Ne dédaignons point les humbles générosités du premier âge; ce sont elles qui accoutument l'âme à l'abnégation et à la sympathie. Cette rose mousseuse, je l'ai gardée longtemps comme un saint talisman ; j'aurais dû la garder toujours comme le souvenir de la première victoire remportée sur moi-même.

Depuis bien des années, je n'ai point revu les solennités de la *Fête-Dieu ;* mais y retrouverais-je mes heureuses sensations d'autrefois ? Je me rappelle encore, quand la procession avait passé, ces promenades à travers les carrefours jonchés de fleurs et ombragés de rameaux verts ! Enivré par les derniers parfums d'encens qui se mêlaient aux senteurs des seringats, des jasmins et des roses, je marchais, sans toucher la terre ; je souriais à tout ; le monde entier était à mes yeux le paradis, et il me semblait que Dieu flottait dans l'air !

Du reste, cette sensation n'était point l'exaltation d'un moment ; plus intense à certains jours, elle persistait néanmoins dans l'ordinaire de la vie. Bien des années se sont écoulées ainsi au milieu d'un épanouissement de cœur et d'une confiance qui empêchait la douleur, sinon de venir, du moins de rester. *Certain de ne pas être seul*, je reprenais bientôt courage, comme l'enfant qui se rassure par ce qu'il entend, à côté, la voix de sa mère. Pourquoi ai-je perdu cette assurance des premières années ? Ne sentirais-je plus aussi profondément que *Dieu est là?*

Étrange enchaînement de nos idées ! Une date vient de me rappeler mon enfance, et voilà que tous mes souvenirs fleurissent autour de moi ! D'où vient donc la plénitude de bonheur de ces commencements ? A bien regarder, rien n'est sensiblement changé dans ma condition. Je possède, comme alors, la santé et le pain de chaque jour ; j'ai seulement de plus la responsabilité ! Enfant, je recevais la vie telle qu'elle m'était faite, un autre avait le souci de prévoir. En paix avec moi-même, pourvu que j'eusse accompli les devoirs présents, j'abandonnais l'avenir à la prudence de mon père ! Ma destinée était un vaisseau dont je n'avais point la direction, et sur lequel je me laissais emporter comme un simple passager. Là était tout le secret de ma joyeuse sécurité ! Depuis, la sagesse humaine me l'a enlevée. Chargé seul de mon sort, j'ai voulu en devenir le maître au moyen d'une lointaine prévoyance ; j'ai tourmenté le présent par mes préoccupations d'avenir ; j'ai mis mon jugement à la place de la Providence, et l'heureux enfant s'est transformé en homme soucieux !

Triste progrès et peut-être grande leçon ! Qui sait si plus d'abandon envers Celui qui régit le monde ne m'eût point épargné toutes ces angoisses ? Peut-être le bonheur n'est-il possible ici-bas qu'à la condition de vivre, comme l'enfant, livré aux devoirs de chaque journée et confiant, pour le reste, en la bonté de notre Père divin.

Ceci me rappelle l'oncle Maurice. Toutes les fois que j'ai besoin de me raffermir dans le bien, je retourne vers lui ma pensée ; je le revois avec sa douce expression demi-souriante, demi-attendrie ; j'entends sa voix toujours égale et caressante comme un souffle d'été ! Son souvenir garde ma vie et l'éclaire. Lui aussi a été ici-bas un saint et un martyr. D'autres ont montré les chemins du ciel ; lui, il a fait voir les sentiers de la terre !

Mais, sauf les anges chargés de tenir compte des dévouements inconnus et des vertus cachées, qui a jamais entendu parler de mon oncle Maurice ? Seul, peut-être, j'ai retenu son nom, et je me rappelle encore son histoire !

Eh bien, je veux l'écrire, non pour les autres, mais pour moi-même ! On dit qu'à la vue de l'Apollon le corps se redresse et prend une plus digne attitude ; au souvenir d'une belle vie, l'âme doit se sentir, de même, relevée et ennoblie !

Un rayon de soleil levant éclaire la petite table sur laquelle j'écris ; la brise m'apporte l'odeur des résédas, et les hirondelles tournoient avec des cris joyeux au-dessus de ma fenêtre !... L'image de mon oncle Maurice sera ici à sa place parmi les chants, la lumière et les parfums...

Sept heures. — Il en est des destinées comme des aurores : les unes se lèvent rayonnantes de mille lueurs, les autres noyées dans de sombres nuages. Celle de l'oncle Maurice fut de ces dernières. Il vint au monde si chétif, qu'on le crut condamné à mourir ; mais, malgré ces prévisions, que l'on pouvait appeler des espérances, il continua à vivre souffrant et contrefait.

Son enfance, dépourvue de toutes les grâces, le fut également de toutes les joies. Opprimé à cause de sa faiblesse, raillé pour sa laideur, le petit bossu ouvrit en vain ses bras au monde, le monde passa en le montrant au doigt.

Cependant sa mère lui restait, et ce fut à elle que l'enfant reporta les élans d'un cœur repoussé. Heureux dans ce refuge, il atteignit l'âge où l'homme prend place dans la vie, et dut se contenter de celle qu'avait dédaignée les autres. Son instruction eût pu lui ouvrir toutes les carrières; il devint buraliste d'une des petites maisons d'octroi qui gardaient l'entrée de sa ville natale !

Renfermé dans cette habitation de quelques pieds, il n'avait d'autre distraction, entre ses écritures et ses calculs, que la lecture et les visites de sa mère. Aux beaux jours d'été, elle venait travailler à la porte de la cabane, sous l'ombre des vignes vierges plantées par Maurice. Alors même qu'elle gardait le silence, sa présence était une distraction pour le bossu, il entendait les cliquetis de ses longues aiguilles à tricoter, il apercevait ce profil doux et triste qui rappelait tant d'épreuves courageusement supportées ; il pouvait, de loin en loin, appuyer une main caressante sur ces épaules courbées et échanger un sourire !

Cette consolation devait bientôt lui être enlevée. La vieille mère tomba malade, et il fallut, au bout de quelques jours, renoncer à tout espoir. Maurice, éperdu à l'idée d'une séparation qui le laissait désormais seul sur la terre, s'abandonna à une douleur sans mesure. A genoux près du lit de la mourante, il l'appelait des noms les plus tendres, il la serrait entre ses bras comme s'il eût voulu la retenir dans la vie. La mère s'efforçait de lui rendre ses caresses, de répondre ; mais ses mains étaient glacées, sa voix déjà éteinte. Elle ne put qu'approcher ses

— Morte! s'écria-t-il; morte...

lèvres du front de son fils, pousser un soupir et fermer les yeux pour jamais !

On voulut emmener Maurice, mais il résista, en se penchant sur cette forme désormais immobile.

— Morte ! s'écria-t-il ; morte, celle qui ne m'avait jamais quitté, celle qui m'aimait seule au monde ! Morte, vous, ma mère ! que me reste-t-il alors ici-bas ?

Une voix étouffée répondit :

— Dieu !

Maurice se redressa épouvanté ! Était-ce un dernier soupir de la morte ou sa propre conscience qui avait répondu ? Il ne chercha point à le savoir ; mais il avait compris la réponse, et l'accepta.

Ce fut alors que je commençai à le connaître. J'allais souvent le voir à la petite maison d'octroi ; il se prêtait à mes jeux d'enfant, me racontait ses plus belles histoires, et me laissait cueillir des fleurs. Déshérité de toutes les grâces qui attirent, il se montrait indulgent pour ceux qui venaient à lui. Sans s'offrir jamais, il était toujours prêt à accueillir. Abandon, dédain, il subissait tout avec une patiente douceur, et, sur cette croix de la vie où l'insultaient ses bourreaux, il répétait, comme le Christ : « Pardonnez-leur, mon père ; ils ne savent ce qu'ils font. »

Aucun autre employé ne montrait autant de probité, de zèle et d'intelligence ; mais ceux qui auraient pu faire valoir ses services se sentaient repoussés par sa difformité. Privé de protecteurs, il vit toujours ses droits méconnus. On lui préférait ceux qui avaient su plaire, et, en lui laissant l'humble emploi qui le faisait vivre, on semblait lui faire grâce. L'oncle Maurice supporta l'injustice comme il avait supporté le dédain ; méconnu par les hommes, il levait les yeux plus haut et se confiait au jugement de Celui qu'on ne peut tromper.

Il habitait dans le faubourg une vieille maison où logeaient des ouvriers aussi pauvres que lui, mais moins abandonnés. Une seule de ses voisines vivait sans famille, dans une petite mansarde où pénétraient la pluie et le vent. C'était une jeune fille pâle, silencieuse, sans beauté, et que recommandait seulement sa misère résignée. On ne la voyait jamais adresser la parole à une autre femme ; aucun chant n'égayait sa mansarde. Enveloppée dans un morne abattement comme dans une sorte de linceul, elle travaillait sans ardeur et sans distraction. Sa langueur avait touché Maurice ; il essaya de lui parler ; elle répondit avec douceur, mais brièvement. Il était aisé de voir que son silence et sa solitude lui étaient plus chers que la bienveillance du petit bossu ; il se le tint pour dit et redevint muet.

Mais l'aiguille de Toinette la nourrissait à grand'-peine ; bientôt le travail s'arrêta ! Maurice apprit que la jeune fille manquait de tout et que les fournisseurs refusaient de lui faire crédit. Il courut aussitôt chez ces derniers et s'engagea à leur payer secrètement ce qu'ils donneraient à Toinette.

Les choses allèrent ainsi pendant plusieurs mois. Le chômage continuait pour la jeune couturière, qui finit par s'effrayer des obligations qu'elle contractait envers les marchands. Elle voulut s'en expliquer avec eux, et, dans cette explication, tout se découvrit.

Son premier mouvement fut de courir chez l'oncle Maurice pour le remercier à genoux. Sa froideur habituelle avait fait place à un inexprimable attendrissement ; il semblait que la reconnaissance eût fondu toutes les glaces de ce cœur engourdi.

Délivré dès lors de l'embarras du secret, le petit bossu put donner plus d'efficacité à ses bienfaits. Toinette devint pour lui une sœur aux besoins de laquelle il eut droit de veiller. Depuis la mort de sa mère, c'était la première fois qu'il pouvait mêler quelqu'un à sa vie. La jeune fille recevait ses soins avec une sensibilité réservée. Tous les efforts de Maurice ne pouvaient dissiper son fond de tristesse : elle paraissait touchée de sa bonté ; elle le lui exprimait parfois avec effusion ; mais là s'arrêtaient ses confidences. Penché sur ce cœur fermé, le petit bossu ne pouvait y lire. A la vérité, il s'y appliquait peu : tout entier au bonheur de n'être plus seul, il acceptait Toinette telle que ses longues épreuves l'avaient faite ; il l'aimait ainsi et ne souhaitait autre chose que de conserver sa compagnie.

Insensiblement cette idée s'empara de son esprit jusqu'à y effacer tout le reste. La jeune fille était sans famille, ainsi que lui ; l'habitude avait adouci à ses yeux la laideur du bossu ; elle semblait le voir avec une affection compatissante ! Que pouvait-il attendre de plus ? Jusqu'alors, l'espoir de se faire accepter d'une compagne avait été repoussé par Maurice comme un rêve ; mais le hasard semblait avoir travaillé à en faire une réalité. Après bien des hésitations, il s'enhardit et se décida à lui parler.

C'était un soir : le petit bossu très-ému se dirigea vers la mansarde de l'ouvrière. Au moment d'entrer, il lui sembla entendre une voix étrangère qui prononçait le nom de la jeune fille. Il poussa vivement la porte entr'ouverte et aperçut Toinette qui pleurait appuyée sur l'épaule d'un jeune homme portant le costume de matelot.

Toinette pleurait, appuyée sur l'épaule d'un jeune matelot.

A la vue de mon oncle, elle se dégagea vivement, courut à lui et s'écria :

— Ah! venez, venez, c'est lui que je croyais mort, c'est Julien, c'est mon fiancé !

Maurice recula en chancelant. Il venait de tout comprendre d'un seul mot !

Il lui sembla que la terre fléchissait et que son cœur allait se briser ; mais la même voix qu'il avait entendue près du lit de mort de sa mère retentit de nouveau à son oreille, et il se redressa ranimé. Dieu lui restait toujours.

Lui-même accompagna les nouveaux mariés sur la route lorsqu'ils partirent, et, après leur avoir souhaité tout le bonheur qui lui était refusé, il revint résigné à la vieille maison du faubourg.

Ce fut là qu'il acheva sa vie, abandonné des hommes, mais non comme il le disait, du *Père qui est aux Cieux*. Partout il sentait sa présence, elle lui tenait lieu du reste. Lorsqu'il mourut, ce fut en souriant, et comme un exilé qui s'embarque pour sa patrie. Celui qui l'avait consolé de l'indigence et des infirmités, de l'injustice et de l'isolement, avait su lui faire un bienfait de la mort.

Huit heures. — Tout ce que je viens d'écrire m'a troublé. Jusqu'à présent, j'ai cherché des enseignements pour la vie dans la vie. Serait-il donc vrai que les principes humains ne pussent toujours suffire ? qu'au-dessus de la bonté, de la prudence, de la modération, de l'humilité, du dévouement lui-même, il y eût une grande idée qui pût seule faire face aux grandes infortunes, et que, si l'homme a besoin de sa vertu pour les autres, il a besoin du sentiment religieux pour lui-même ?

Quand, selon l'expression de l'Écriture, *le vin de la jeunesse enivre*, on espère se suffire ; fort, heureux et aimé, on croit, comme Ajax, pouvoir échapper à toutes les tempêtes *malgré les dieux*; mais, plus tard, les épaules se courbent, le bonheur s'effeuille, les affections s'éteignent, et alors, effrayé du vide et de l'obscurité, on étend les bras, comme l'enfant surpris par les ténèbres, et on appelle au secours *Celui qui est partout*.

Je demandais ce matin pourquoi tout devient confus pour la société et pour les individus. La raison humaine allume en vain, d'heure en heure, quelque nouveau flambeau sur les bornes du chemin, la nuit devient toujours plus sombre! N'est-ce point par ce qu'on laisse s'éloigner, de plus en plus, le soleil des âmes, Dieu?

Mais qu'importent au monde ces rêveries d'un solitaire? Pour la plupart des hommes, les tumultes du dehors étouffent les tumultes du dedans, la vie ne leur laisse point le loisir de s'interroger. Ont-ils le temps de savoir ce qu'ils sont et ce qu'ils devraient être, eux que préoccupe le prochain bal ou le dernier cours de la rente? Le ciel est trop haut, et les sages ne regardent que la terre.

Mais moi, pauvre sauvage de la civilisation, qui ne cherche ni pouvoir ni richesse, et qui ai abrité ma vie à l'idéal, je puis retourner impunément à ces souvenirs de l'enfance, et, si Dieu n'a plus de fête dans notre grande cité, je tâcherais de lui en conserver une dans mon cœur.

CHAPITRE VII

CE QUE COUTE LA PUISSANCE ET CE QUE
RAPPORTE LA CÉLÉBRITÉ

Dimanche 1ᵉʳ *juillet*. — C'est hier qu'a fini le mois consacré par les Romains à Junon (*junius,* juin). Nous entrons aujourd'hui en juillet.

Dans l'ancienne Rome, ce dernier mois s'appelait *quintilis* (cinquième), par ce que l'année, divisée seulement en dix parties, commençait en mars. Lorsque Numa Pompilius la partagea en douze mois, ce nom de *quintili*s fut conservé, ainsi que les noms suivants : *sextilis, september, october, november, december,* bien que ces désignations ne correspondissent plus aux nouveaux rangs occupés par les mois. Enfin, plus tard, le mois de *quintilis,* où était né Jules-César, fut appelé *julius,* dont nous avons fait *juillet.*

Ainsi, ce nom inséré au calendrier y éternise le souvenir d'un grand homme ; c'est comme une épitaphe éternelle gravée par l'admiration des peuples sur la route du temps.

Combien d'autres inscriptions pareilles! mers, continents, montagnes, étoiles et monuments, tout a successivement servi au même usage ! Nous avons fait du monde entier ce livre d'or de Venise où s'inscrivaient les noms illustres et les grandes actions. Il semble que le genre humain sente le besoin de se glorifier lui-même dans ses élus, qu'il se relève à ses propres yeux en choisissant dans sa race des demi-dieux. La famille mortelle aime à conserver le souvenir des parvenus de la gloire, comme on garde celui d'un ancêtre fameux ou d'un bienfaiteur.

C'est qu'en effet les dons naturels accordés à un seul ne sont point un avantage individuel, mais un présent fait à la terre ; tout le monde en hérite, car tout le monde souffre ou profite de ce qu'il a accompli. Le génie est un phare destiné à éclairer au loin ; l'homme qui le *porte* n'est que le rocher sur lequel ce phare a été élevé.

J'aime à m'arrêter à ces idées ; elles m'expliquent l'admiration pour la gloire. Quand elle a été bienfaisante, c'est de la reconnaissance, quand elle n'a été qu'extraordinaire, c'est un orgueil de race : hommes, nous aimons à immortaliser les délégués les plus éclatants de l'humanité.

Qui sait si, en acceptant des puissants, nous n'avons pas obéi à la même inspiration ? A part les nécessités de la hiérarchie ou les conséquences de la conquête, les foules se plaisent à entourer leurs chefs de priviléges; soit qu'elles mettent leur vanité à agrandir ainsi une de leurs œuvres, soit qu'elles s'efforcent de cacher l'humiliation de la dépendance en exagérant l'importance de ceux qui les dominent! On veut se faire honneur de son maître : on l'élève sur ses épaules comme sur un piédestal; on l'entoure de rayons afin d'en recevoir quelques reflets. C'est toujours la fable du chien qui accepte la chaîne et le collier, pourvu qu'ils soient d'or.

Cette vanité de la servitude n'est ni moins naturelle ni moins commune que celle de la domination. Quiconque se sent incapable de commander veut au moins obéir à un chef puissant. On a vu des serfs se regarder comme déshonorés, parce qu'ils devenaient la propriété d'un simple comte, après avoir été celle d'un prince, et Saint-Simon parle d'un valet de chambre qui ne voulait servir que des marquis.

Le 7, huit heures du soir. — Je suivais tout à l'heure le boulevard ; c'était jour d'Opéra, et la foule des équipages se pressait dans la rue Le Peletier. Les promeneurs arrêtés sur le trottoir en reconnaissaient quelques-uns au passage, et prononçaient certains noms : c'était ceux d'hommes célèbres ou puissants qui se rendaient au succès du jour.

Près de moi s'est trouvé un spectateur aux joues creuses et aux yeux ardents, dont l'habit noir montrait la corde. Il suivait d'un regard d'envie ces privilégiés de l'autorité ou de la gloire, et je lisais sur ses lèvres, que crispait un sourire amer, tout ce qui se passait dans son âme.

— Les voilà, les heureux ! pensait-il ; à eux tous les plaisirs de l'opulence et de toutes les jouissances de l'orgueil. La foule sait leurs noms, ce qu'ils veulent s'accomplit ; ils sont les souverains du monde par l'esprit ou par la puissance ! Pendant que moi, pauvre et ignoré, je traverse péniblement les lieux bas, ceux-ci planent sur les sommets dorés par le plein soleil de la prospérité.

Je suis revenu pensif. Est-il vrai qu'il y ait ces inégalités, je ne dis pas dans les fortunes, mais dans le bonheur des hommes? Le génie et le commandement ont-ils véritablement reçu la vie comme une couronne, tandis que le plus grand nombre la recevait comme un joug? La dissemblance des conditions n'est-elle qu'un emploi divers des natures et des facultés, ou une inégalité réelle entre les lots humains? Question sérieuse, puisqu'il s'agit de constater l'impartialité de Dieu !

Le 8, midi. — Je suis allé, ce matin rendre visite à un compatriote, premier huissier d'un de nos ministres. Je lui apportais des lettres de sa famille, remises par un voyageur arrivant de Bretagne. Il a voulu me retenir.

— Le ministre, m'a-t-il dit, n'a point aujourd'hui d'audience ; il consacre cette journée au repos et à la famille. Ses jeunes sœurs sont arrivées ; il les conduit ce matin à Saint-Cloud, et ce soir il a invité ses amis à un bal non officiel. Je vais être tout à l'heure congédié pour le reste du jour : nous pourrons dîner ensemble ; attendez-moi en lisant les nouvelles.

Je me suis assis près d'une table couverte de journaux que j'ai successivement parcourus. La plupart renfermaient de poignantes critiques des derniers actes politiques du ministère ; quelques-uns y joignaient des soupçons flétrissants pour le ministre lui-même.

Comme j'achevais, un secrétaire est venu les demander pour ce dernier.

Il va donc lire ces accusations, subir silencieusement les injures de toutes ces voix qui le dénoncent à l'indignation ou à la risée ! comme le triomphateur romain, il faut qu'il supporte l'insulteur qui suit son char en racontant à la foule ses ridicules, ses ignorances ou ses vices !

Mais, parmi les traits lancés de toutes parts, ne s'en trouvera-t-il aucun d'empoisonné ? Aucun n'atteindra-t-il un de ces points du cœur où les blessures ne guérissent plus ? Que deviendra une vie livrée à toutes les attaques de la haine envieuse ou de la conviction passionnée ? Les chrétiens n'abandonnaient que les lambeaux de leur chair aux animaux de l'arène ; l'homme puissant livre aux morsures de la plume son repos, ses affections, son honneur !

Pendant que je rêvais à ces dangers de la grandeur, l'huissier est rentré vivement :

— De graves nouvelles ont été reçues, le ministre vient d'être mandé au conseil; il ne pourra conduire ses sœurs à Saint-Cloud.

J'ai vu, à travers les vitres, les jeunes filles, qui attendaient sur le perron, remonter tristement, tandis que leur frère se rendait au conseil. La voiture qui devait partir, emportant tant de joies de famille, vient de disparaître, n'emportant que les soucis de l'homme d'État.

L'huissier est revenu mécontent et désappointé.

Le plus ou moins de liberté dont il peut jouir est pour lui le baromètre de l'horizon politique. S'il a congé, tout va bien; s'il est retenu, la patrie est en péril. Son opinion sur les affaires publiques n'est que le calcul de ses intérêts! Mon compatriote est presque un homme d'État.

Je l'ai fait causer, et il m'a confié plusieurs particularités singulières.

Le nouveau ministre a d'anciens amis dont il

combat les idées, tout en continuant à aimer leurs sentiments. Séparé d'eux par les drapeaux, il leur est toujours resté uni par les souvenirs ; mais les exigences de parti lui défendent de les voir. La continuation de leurs rapports éveillerait les soupçons ; on y devinerait quelque transaction honteuse : ses amis seraient des traîtres qui songent à se vendre ; lui, un corrupteur qui veut les acheter ; aussi a-t-il fallu renoncer à des attachements de vingt années, rompre des habitudes de cœur qui étaient devenues des besoins !

Parfois pourtant le ministre cède encore à d'anciennes faiblesses ; il reçoit ou visite ses amis à la dérobée ; il se renferme avec eux pour parler du temps où ils avaient le droit de s'aimer publiquement. A force de précautions, ils ont réussi à cacher jusqu'ici ce complot de l'amitié contre la politique ; mais tôt ou tard les journaux seront avertis et le dénonceront à la défiance du pays.

Car la haine, qu'elle soit déloyale ou de bonne foi, ne recule devant aucune accusation. Quelquefois même elle accepte le crime ! L'huissier m'a avoué que des avertissements avaient été donnés au ministre, qu'on lui avait fait craindre des vengeances meurtrières, et qu'il n'osait plus sortir à pied.

Puis, de confidence en confidence, j'ai su quelles sollicitations venaient égarer ou violenter son jugement; comment il se trouvait fatalement conduit à des iniquités qu'il devait déplorer en lui-même. Trompé par la passion, séduit par les prières, ou forcé par le crédit, il laissait bien des fois vaciller la balance. Triste condition de l'autorité qui lui impose non-seulement les misères du pouvoir, mais ses vices, et qui, non contente de torturer le maitre, réussit à le corrompre !

Cet entretien s'est prolongé et n'a été interrompu que par le retour du ministre. Il s'est élancé de sa voiture des papiers à la main ; il a regagné son cabinet d'un air soucieux. Un instant après, sa sonnette s'est fait entendre ; on appelle le secrétaire pour expédier des avertissements à tous les invités du soir ; le bal n'aura point lieu ; on parle sourdement de fâcheuses nouvelles transmises par le télégraphe, et, dans de pareilles circonstances, une fête semblerait insulter au deuil public.

J'ai pris congé de mon compatriote, et me voici de retour.

Ce que je viens de voir répond à mes doutes de l'autre jour. Maintenant, je sais quelles angoisses font expier aux hommes leurs grandeurs ; je comprends

Que la fortune vend ce qu'on croit qu'elle donne.

Ceci m'explique Charles-Quint aspirant au repos du cloître.

Et cependant je n'ai entrevu que quelques-unes des souffrances attachées au commandement. Que dire des grandes disgrâces qui précipitent les puissants du plus haut du ciel au plus profond de la terre ? de cette voie douloureuse par laquelle ils doivent porter éternellement leur responsabilité, comme le Christ portait sa croix ? de cette chaîne de convenances et d'ennuis qui enferme tous les actes de leur vie, et y laisse si peu de place à la liberté ?

Les partisans de l'autorité absolue ont défendu avec raison l'étiquette. Pour que des hommes conservent à leur semblable un pouvoir sans bornes, il faut qu'ils le tiennent séparé de l'humanité, qu'ils l'entourent d'un culte de tous les instants, qu'ils lui conservent, par un continuel cérémonial, ce rôle surhumain qu'ils lui ont accordé. Les maîtres ne peuvent rester souverains qu'à la condition d'être traités en idoles.

Mais, après tout, ces idoles sont des hommes, et, si la vie exceptionnelle qu'on leur fait est une insulte pour la dignité des autres, elle est aussi un supplice pour eux ! Tout le monde connaît la loi de la cour d'Espagne, qui réglait, heure par heure, les actions du roi et de la reine, « de telle façon, dit Voltaire, qu'en le lisant on peut savoir tout ce que les souverains de la Péninsnle ont fait ou feront depuis Philippe II jusqu'au jour du jugement ». Ce fut elle qui obligea Philippe III malade à supporter un excès de chaleur dont il mourut, parce que le duc d'Uzède, qui avait seul le droit d'éteindre le feu dans la chambre royale, se trouvait absent.

La femme de Charles II, emportée par un cheval fougueux, allait périr sans que personne osât la sauver, parce que l'étiquette défendait de *tou-*

cher à la reine : deux jeunes cavaliers se sacrifièrent en arrêtant le cheval. Il fallut les prières et les pleurs de celle qu'ils venaient d'arracher à la mort pour leur faire pardonner leur *crime*. Tout le monde connaît l'anecdote racontée par madame Campan au sujet de Marie-Antoinette, femme de Louis XVI. Un jour qu'elle était à sa toilette, et que la chemise allait lui être présentée par une des assistantes, une dame de très-ancienne noblesse entra et réclama cet honneur, comme l'étiquette lui en donnait le droit; mais, au moment où elle allait remplir son office, une femme de plus grande qualité survint et prit à son tour le vêtement qu'elle était près d'offrir à la reine, lorsqu'une troisième dame, encore plus titrée, parut à son tour, et fut suivie d'une quatrième qui n'était autre que la sœur du roi. La chemise fut ainsi passée de main en main, avec force révérences et compliments, avant d'arriver à la reine qui, demi-nue et toute honteuse, grelottait pour la plus grande gloire de l'étiquette.

Le 12, sept heures du soir. — En rentrant ce soir, j'ai aperçu, debout sur le seuil d'une maison, un vieillard dont la pose et les traits m'ont rappelé mon père. C'était la même finesse de sourire, le même œil chaud et profond, la même noblesse dans le port de la tête, et le même laisser aller dans l'attitude.

Cette vue a ramené ma pensée en arrière. Je me suis mis à repasser les premières années de ma vie, à me rappeler les entretiens de ce guide que Dieu m'avait donné dans sa clémence, et qu'il m'a retiré, trop tôt, dans sa sévérité.

Quand mon père me parlait, ce n'était point seulement pour mettre en rapport nos deux esprits par un échange d'idées ; ses paroles renfermaient toujours un enseignement.

Non qu'il cherchât à me le faire sentir ! mon

père craignait tout ce qui avait l'apparence d'une leçon. Il avait coutume de dire que la vertu pouvait se faire des amis passionnés, mais qu'elle ne prenait point d'écoliers : aussi ne songeait-il pas à enseigner le bien ; il se contentait d'en semer les germes, certain que l'expérience les ferait éclore.

Combien de bon grain tombé ainsi dans un coin du cœur et longtemps oublié a tout à coup poussé sa tige et donné son épi ! Richesses mises en réserve à une époque d'ignorance, nous n'en connaissons la valeur que le jour où nous nous trouvons en avoir besoin !

Parmi les récits dont il animait nos promenades ou nos soirées, il en est un qui se représente maintenant à mon souvenir, sans doute parce que l'heure est venue d'en déduire la leçon.

Placé dès l'âge de douze ans chez un de ces collectionneurs-commerçants qui se sont donné le nom de *naturaliste*, parce qu'ils mettent la création sous verre pour la débiter en détail, mon père avait toujours mené une vie pauvre et laborieuse. Levé avant le jour, tour à tour garçon de magasin, commis, ouvrier, il devait suffire seul à tous les travaux d'un commerce dont son patron récoltait tous les profits. A la vérité, celui-ci avait une habileté spéciale pour faire valoir l'œuvre des autres. Incapable de rien exécuter, nul ne savait mieux vendre. Ses paroles étaient un filet dans lequel on se trouvait pris avant de l'avoir aperçu. Du reste, ami de lui seul, regardant le producteur comme son ennemi, et l'acheteur comme sa conquête, il les exploitait tous deux avec cette inflexible persistance qu'enseigne l'avarice.

Esclave toute la semaine, mon père ne rentrait en possession de lui-même que le dimanche. Le maître naturaliste, qui allait passer le jour chez une vieille cousine, lui donnait alors sa liberté à condition qu'il dînerait à ses frais et au dehors. Mais mon père emportait secrètement un croûton de pain qu'il cachait dans sa boîte d'herborisation, et, sortant de Paris dès le point du jour, il allait s'enfoncer dans la vallée de Montmorency, dans le bois de Meudon ou dans les coulées de la Marne. Enivré par l'air libre, par la pénétrante senteur de la séve en travail, par les parfums des chèvrefeuilles, il marchait jusqu'à ce que la faim et la fatigue se fissent sentir. Alors, il s'asseyait à la lisière d'un fourré ou d'un ruisseau : le cresson d'eau, les fraises des bois, les mûres des haies, lui faisaient tour à tour un festin rustique ; il cueillait quelques plantes, lisait quelques pages de Florian, alors dans sa première vogue, de Gessner, qui venait d'être traduit, ou de Jean-Jacques, dont il possédait trois volumes dépareillés. La journée se passait dans ces alternatives d'activité et de repos, de recherches et de rêveries jusqu'à ce que le soleil, à son déclin, l'avertît de reprendre la route de la grande ville, où il arrivait les pieds meurtris et poudreux, mais le cœur rafraîchi pour toute une semaine.

Un jour qu'il se dirigeait vers le bois de Viroflay, il rencontra, près de la lisière, un inconnu occupé à trier des plantes qu'il venait d'herboriser. C'était un homme déjà vieux, d'une figure honnête, mais dont les yeux un peu enfoncés sous les sourcils avaient quelque chose de soucieux et de craintif. Il était vêtu d'un habit de drap brun, d'une veste grise, d'une culotte noire, de bas drapés, et tenait, sous le bras, une canne à pomme d'ivoire. Son aspect était celui d'un petit bourgeois retiré et vivant de son revenu, un peu au-dessous de la médiocrité dorée d'Horace.

Mon père, qui avait un grand respect pour l'âge, le salua poliment en passant ; mais, dans ce mouvement, une plante qu'il tenait à la main lui échappa.

L'inconnu se baissa pour la relever, et la reconnut.

—C'est une *Deutaria heptaphyllos*, dit-il ; je n'en avais point encore vu dans ces bois : l'avez-vous trouvée ici près, monsieur ?

Mon père répondit qu'on la rencontrait en abondance au haut de la colline, vers Sèvres, ainsi que le *Laserpitium*.

—Aussi ! répéta le vieillard plus vivement. Ah ! je veux les chercher ; j'en ai autrefois cueilli du côté de la Robaila...

Mon père lui proposa de le conduire. L'étranger accepta avec reconnaissance et se hâta de réunir les plantes qu'il avait cueillies ; mais tout à coup il parut saisi d'un scrupule ; il fit observer à son interlocuteur que le chemin qu'il suivait était à mi-côte, et se dirigeait vers le château des Dames royales à Bellevue, qu'en franchissant la hauteur il se détournait par conséquent de sa route, et qu'il n'était point juste qu'il prît cette fatigue pour un inconnu.

Mon père insista avec la bienveillance qui lui était habituelle; mais plus il montrait d'empressement, plus le refus du vieillard devenait obstiné; il sembla même à mon père que sa bonne volonté finissait par inspirer de la défiance.

Il se décida donc à indiquer seulement la direction à l'inconnu qu'il salua et ne tarda point à perdre de vue.

Plusieurs heures s'écoulèrent et il ne songeait plus à sa rencontre. Il avait gagné les taillis de Chaville, où, étendu sur les mousses d'une clairière, il relisait le dernier volume de l'*Émile*. Le charme de la lecture l'avait si complétement

Il relisait le dernier volume de l'Émile.

absorbé, qu'il avait cessé de voir et d'entendre ce qui l'entourait. Les joues animées et l'œil humide, il relisait des lèvres un passage qui l'avait particulièrement touché.

Une exclamation poussée tout près de lui l'arracha à son extase ; il releva la tête et aperçut le bourgeois déjà rencontré au carrefour de Viroflay.

Il était chargé de plantes dont l'herborisation semblait l'avoir mis de joyeuse humeur.

— Mille remercîments, monsieur ! dit-il à mon père ; j'ai trouvé tout ce que vous m'aviez annoncé, et je vous dois une promenade charmante.

Mon père se leva par respect, en faisant une réponse obligeante. L'inconnu parut complétement apprivoisé et demanda lui-même si son *jeune confrère* ne comptait point reprendre le chemin de Paris. Mon père répondit affirmativement et ouvrit sa boîte de fer-blanc pour y replacer le livre.

L'étranger lui demanda en souriant si l'on pouvait, sans indiscrétion, en savoir le titre. Mon père lui répondit que c'était l'*Émile* de Rousseau.

L'inconnu devint aussitôt sérieux.

Ils marchèrent quelque temps côte à côte, mon père exprimant avec la chaleur d'une émotion encore vibrante tout ce que cette lecture lui avait fait éprouver, son compagnon toujours froid et silencieux. Le premier vantait la gloire du grand écrivain genevois, que son génie avait fait citoyen du monde; il s'exaltait sur ce privilége des sublimes penseurs qui dominent, malgré l'espace et le temps, et recrutent parmi toutes les nations un peuple de sujets volontaires; mais l'inconnu l'interrompit tout à coup :

— Et savez-vous, dit-il doucement, si Jean-

Jacques n'échangerait point la célébrité que vous semblez envier contre la destinée d'un de ces bûcherons dont nous voyons fumer la cabane? A quoi lui a servi sa renommée, sinon à lui attirer des persécutions? Les amis inconnus que ses livres ont pu lui faire se contentent de le bénir dans leur cœur, tandis que les ennemis déclarés qu'ils lui ont attiré le poursuivent de leurs violences et de leurs calomnies. Son orgueil a été flatté par le succès. Combien a-t-il été blessé de fois par la satire ! Et, croyez-le bien, l'orgueil humain ressemble toujours au sybarite que le pli d'une feuille de rose empêchait de dormir. L'activité d'un esprit vigoureux dont le monde profite, tourne presque toujours contre celui qui le possède. Il en devient plus exigeant avec la vie ; l'idéal qu'il poursuit le désenchante sans cesse de la réalité ; il ressemble à l'homme dont la vue serait trop subtile, et qui dans le plus beau visage. apercevrait des taches et des rugosités. Je ne vous parle point des tentations plus fortes, des chutes plus profondes. Le génie, avez-vous dit, est une royauté ! mais quel honnête homme n'a peur d'être roi ? Qui ne sent que pouvoir beaucoup, c'est, avec notre faiblesse et nos emportements, se préparer à beaucoup faillir ? Croyez-moi, monsieur, n'admirez ni n'enviez le malheureux qui a écrit ce livre; mais, si vous avez un cœur sensible, plaignez-le !

Mon père, étonné de l'entraînement avec lequel son compagnon avait prononcé ces derniers mots, ne savait que répondre.

Dans ce moment, ils arrivaient à la route pavée qui joint le château de Meudon et des Dames de France à celui de Versailles; une voiture passa.

Les dames qui s'y trouvaient aperçurent le vieillard, et poussèrent un cri de surprise, et, se penchant à la portière, elles répétèrent :

— C'est Jean-Jacques ! c'est Rousseau !

Puis l'équipage disparut.

Mon père était resté immobile, les yeux grands ouverts, les mains en avant, stupéfait et éperdu. Rousseau, qui avait tressailli en entendant prononcer son nom, se tourna de son côté :

— Vous le voyez, dit-il avec la misanthropique amertume que ses derniers malheurs lui avaient donnée, Jean-Jacques ne peut même se cacher : objet de curiosité pour les uns, de malignité pour les autres, il est pour tous une *chose* publique que l'on se montre au doigt. Encore s'il ne s'agissait que de subir l'indiscrétion des oisifs ! Mais, dès qu'un homme a eu le malheur de se faire un nom, il appartient à tous ; chacun fouille dans sa vie, raconte ses moindres actions, insulte à ses sentiments ; il devient semblable à ces murs que tous les passants peuvent souiller d'une injurieuse inscription. Vous direz peut-être que j'ai moi-même favorisé cette curiosité en publiant mes *Mémoires*. Mais le monde m'y avait forcé; on regardait chez moi par les fentes, et l'on me calomniait; j'ai ouvert portes et fenêtres, afin qu'on me connût, du moins, tel que je suis. Adieu, monsieur; rappelez-vous toujours que vous avez vu Rousseau pour savoir ce que c'est que la célébrité.

Neuf heures. — Ah! je comprends aujourd'hui le récit de mon père! Il renferme la réponse à une des questions que je m'adresse depuis une semaine. Oui, je sens maintenant que la gloire et la puissance sont des dons chèrement payés, et que, s'ils font du bruit autour de l'âme, tous deux ne sont le plus souvent, comme le dit madame de Staël, « qu'un deuil éclatant de bonheur »!

CHAPITRE VIII

MISANTHROPIE ET REPENTIR

5 *août, neuf heures du soir*. — Il y a des jours où tout se présente à vous sous un sombre aspect ; le monde est, comme le ciel, couvert d'un brouillard sinistre. Rien ne paraît à sa place ; vous ne voyez que misères, imprévoyances, dureté ; la société se montre sans Providence, livrée à toutes les iniquités du hasard.

J'étais aujourd'hui dans ces tristes dispositions. Après une longue promenade dans les faubourgs, j'étais rentré malheureux et découragé.

Tout ce que j'avais aperçu semblait accuser la civilisation dont nous sommes si fiers. Égaré dans une petite rue de traverse qui m'était inconnue, je me suis trouvé, tout à coup, au milieu de ces affreuses demeures où le pauvre naît, languit et meurt. J'ai regardé ces murs lézardés que le temps a revêtus d'une lèpre immonde; ces fenêtres où sèchent des lambeaux souillés; ces égouts fétides qui serpentent le long des façades comme de venimeux reptiles !... mon cœur s'est serré et j'ai pressé le pas.

Un peu plus loin, il a fallu s'arrêter devant le corbillard de l'hôpital; un mort, cloué dans sa bière de sapin, gagnait sa dernière demeure sans ornements funèbres, sans cérémonies, et sans suite. Il n'y avait pas même ici ce dernier ami des abandonnés, le chien qu'un artiste a donné pour cortége au convoi du pauvre. Celui qu'on se disposait à enfouir sous la terre s'en allait seul au sépulcre comme il avait vécu ; nul ne s'apercevrait sans doute de sa fin. Dans cette grande bataille de la société, qu'importait un soldat de moins ?

Mais qu'est-ce donc que l'association humaine, si l'un de ses membres peut disparaître ainsi, comme une feuille emportée par le vent ?

L'hôpital était voisin d'une caserne ; à l'entrée, des vieillards, des femmes et des enfants se disputaient les restes de pain noir que la charité du soldat leur avait accordés ! Ainsi des êtres semblables à nous tous attendent chaque jour sur le pavé que notre pitié leur donne le droit de vivre !

Des troupes entières de déshérités ont à subir, outre les épreuves infligées à tous les enfants de Dieu, les angoisses du froid, de l'humiliation, de la faim. Tristes républiques humaines où l'homme a une condition pire que l'abeille dans sa ruche, que la fourmi dans sa cité souterraine !

Ah ! que faisons-nous donc de notre raison ? A quoi bon tant de facultés suprêmes, si nous ne sommes ni plus sages, ni plus heureux ? Qui de nous n'échangerait sa vie laborieuse et tourmentée contre celle de l'oiseau habitant des airs, et pour qui le monde entier est un festin ?

Que je comprends bien la plainte de Mao, dans les contes populaires du *Foyer breton*, lorsque, mourant de soif et de faim, il dit en regardant les bouvreuils butiner les buissons :

« — Hélas ! ces oiseaux-là sont plus heureux que les êtres baptisés ! Ils n'ont besoin ni d'auberges, ni de bouchers, ni de fourniers, ni de jardiniers. Le ciel de Dieu leur appartient et la terre s'étend devant eux comme une table toujours servie. Les petites mouches sont leur gibier, les herbes en graine leurs champs de blé, les fruits de l'aubépine ou du rosier sauvage leur dessert. Ils ont droit de prendre partout sans payer et sans demander : aussi les petits oiseaux sont joyeux, et ils chantent tant que dure le jour ! »

Mais la destinée de l'homme à l'état de nature est celle de l'oiseau ; il jouit également de la création. « La terre aussi s'étend devant lui comme une table toujours servie. » Qu'a-t-il donc gagné à cette association égoïste et incomplète qui forme les nations ? Ne vaudrait-il point mieux pour tous rentrer dans le sein fécond de la nature et y vivre de ses largesses, dans le repos de la liberté ?

10 août, quatre heures du matin. — L'aube rougit les rideaux de mon alcôve ; la brise m'apporte les senteurs des jardins qui fleurissent au-dessous de la maison ; me voici encore accoudé à ma fenêtre, respirant la fraîcheur et la joie de ce réveil du jour.

Mon regard se promène toujours avec le même plaisir sur les toits pleins de fleurs, de gazouillements et de lumière ; mais, aujourd'hui, il s'est arrêté sur l'extrémité du mur en arc-boutant qui sépare notre maison de celle du voisin : les orages ont dépouillé la cime de son enveloppe de plâtre ; la poussière emportée par le vent s'est entassée dans les interstices, les pluies l'y ont fixée et en ont fait une sorte de terrasse aérienne où verdissent quelques herbes. Parmi elles se dresse le chalumeau d'une tige de blé, aujourd'hui couronnée d'un maigre épi qui penche sa tête jaunâtre.

Cette pauvre moisson égarée sur les toits, et dont profiteront les passereaux du voisinage, a reporté ma pensée vers les riches récoltes qui tombent aujourd'hui sous la faucille ; elle m'a rappelé les belles promenades que je faisais, enfant, à travers les campagnes de ma province, quand les aires des métairies retentissaient de toutes parts sous les fléaux des batteurs, et que par tous les chemins arrivaient les chariots chargés de gerbes dorées. Je me souviens encore des chants des jeunes filles, de la sérénité des vieillards, de l'expansion joyeuse des laboureurs. Il y avait, ce jour-là, dans leur aspect, quelque chose de fier et d'attendri. L'attendrissement venait de la reconnaissance pour Dieu, la fierté de cette moisson, récompense du travail. Ils sentaient confusément la grandeur et la sainteté de leur rôle dans l'œuvre générale ; leurs regards, orgueilleusement promenés sur ces montagnes d'épis, semblaient dire : « Après Dieu, c'est nous qui nourrissons le monde ! »

Merveilleuse entente de toutes les activités humaines ! Tandis que le laboureur, attaché à son sillon, prépare pour chacun le pain de tous les jours, loin de là, l'ouvrier des villes tisse l'étoffe dont il sera revêtu ; le mineur cherche dans les galeries souterraines le fer de sa charrue ; le soldat le défend contre l'étranger ; le juge veille à ce que la loi protége son champ ; l'administrateur règle les rapports de ses intérêts particuliers avec les intérêts généraux ; le commerçant s'occupe d'échanger ses produits contre ceux des contrées lointaines ; le savant et l'artiste ajoutent, chaque jour, quelques coursiers à cet attelage idéal qui entraîne le monde matériel, comme la vapeur emporte les gigantesques convois de nos routes ferrées ! Ainsi tout s'allie, tout s'entr'aide ; le travail de chacun profite à lui-même et à tout le monde ; une convention tacite a partagé l'œuvre entre les différents membres de la société tout entière. Si des erreurs sont commises dans ce partage ; si certaines capacités n'ont pas leur meilleur emploi, les défectuosités de détail s'amoindrissent dans la sublime conception de l'ensemble. Le plus pauvre intéressé dans cette association a sa place, son travail, sa raison d'être ; chacun est quelque chose dans le tout.

Rien de semblable pour l'homme à l'état de nature ; chargé seul de lui-même, il faut qu'il suffise à tout : la création est sa propriété ; mais il y trouve aussi souvent un obstacle qu'une ressource. Il faut qu'il surmonte ces résistances avec les forces isolées que Dieu lui a données ; il ne peut compter sur d'autre auxiliaire que la rencontre et le hasard. Nul ne moissonne, ne fabrique, ne combat, ne pense à son intention ; il n'est rien pour personne. C'est une unité multipliée par les forces de la société tout entière.

Et, l'autre jour pourtant, attristé par quelques vices de détail, je maudissais celle-ci et j'ai presque envié le sort de l'homme sauvage.

Une des infirmités de notre esprit est de prendre toujours la sensation pour une preuve, et de juger la saison sur un nuage ou sur un rayon de soleil.

Ces misères, dont la vue me faisait regretter les bois, étaient-elles bien réellement le fruit de la civilisation? Fallait-il accuser la société de les avoir créées, ou reconnaître, au contraire, qu'elle les avait adoucies? Les femmes et les enfants qui recevaient le pain noir du soldat pouvaient-ils espérer, dans le désert, plus de ressources ou de pitié? Ce mort, dont je déplorais l'abandon, n'avait-il point trouvé les soins de l'hôpital, la bière et l'humble sépulture où il allait reposer? Isolé, loin des hommes, il eût fini, comme la bête fauve, au fond de sa tanière, et servirait aujourd'hui de pâture aux vautours! Ces bienfaits de l'association humaine vont donc chercher les plus déshérités. Quiconque mange le pain qu'un autre a moissonné et pétri, est l'obligé de ses frères, et ne peut dire qu'il ne leur doit rien en retour. Le plus pauvre de nous a reçu de la société bien plus que ses seules forces ne lui eussent permis d'arracher à la nature.

Mais la société ne peut-elle nous donner davantage ? Qui en doute ? Dans cette distribution des instruments et des tâches, des erreurs ont été commises ! Le temps en diminuera le nombre ; les lumières amèneront un meilleur partage ; les éléments d'association iront se perfectionnant comme tout le reste ; le difficile est de savoir se mettre au pas lent des siècles, dont on ne peut jamais forcer la marche sans danger.

14 août, six heures du soir. — La fenêtre de ma mansarde se dresse sur le toit comme une guérite massive ; les arêtes sont garnies de larges feuilles de plomb qui vont se perdre sous

les tuiles ; l'action successive du froid et du soleil
les a soulevées ; une crevasse s'est formée à l'angle du côté droit. Un moineau y a abrité son nid.

Depuis le premier jour, j'ai suivi les progrès de cet établissement aérien. J'ai vu l'oiseau y transporter successivement la paille, la mousse, la laine destinées à la construction de sa demeure, et j'ai admiré l'adresse persévérante dépensée dans ce difficile travail. Auparavant, mon voisin des toits perdait ses journées à voleter sur le peuplier du jardin, et à gazouiller le long des gouttières. Le métier de grand seigneur semblait le seul qui lui convînt ; puis, tout à coup, la nécessité de préparer un abri à sa couvée a transformé notre oisif en travailleur. Il ne s'est plus donné ni repos ni trêve. Je l'ai vu toujours courant, cherchant, apportant ; ni pluie ni soleil ne l'arrêtaient ! Éloquent exemple de ce que peut la nécessité ! Nous ne lui devons pas seulement la plupart de nos talents, mais beaucoup de nos vertus.

N'est-ce pas elle qui a donné aux peuples des zones les moins favorisées l'activité dévorante qui les a placés si vite à la tête des nations? Privés de la plupart des dons naturels, ils y ont suppléé par leur industrie ; le besoin a aiguisé leur esprit, la douleur éveillé leur prévoyance. Tandis qu'ailleurs l'homme, réchauffé par un soleil toujours brillant, et comblé des largesses de la terre, restait pauvre, ignorant et nu au milieu de ces dons inexplorés, lui, forcé par la nécessité, arrachait au sol sa nourriture, bâtissait des demeures contre les intempéries de l'air, et réchauffait ses membres sous la laine des troupeaux. Le travail le rendait à la fois plus intelligent et plus robuste ; éprouvé par lui, il semblait monter plus haut dans l'échelle des êtres, tandis que le privilégié de la Création, engourdi dans sa nonchalance, restait au degré le plus voisin de la brute.

Je faisais ces réflexions en regardant l'oiseau dont l'instinct semblait être devenu plus subtil depuis qu'il se livrait à son travail. Enfin le nid a été construit; le ménage ailé s'y est établi, et j'ai pu suivre toutes les phases de son existence nouvelle.

Les œufs couvés, les petits sont éclos et ont été nourris avec les soins les plus attentifs. Le coin de ma fenêtre était devenu un théâtre de morale en action, où les pères et mères de famille auraient pu venir prendre des leçons. Les petits ont grandi vite, et, ce matin, je les ai vus prendre leur volée. Un seul, plus faible que les autres, n'a pu franchir le rebord du toit, et est venu tomber dans la gouttière. Je l'ai rattrapé à grand'peine et je l'ai replacé sur la tuile devant l'ouverture de sa demeure; mais la mère n'y a point pris garde. Délivrée des soucis de la famille, elle a recommencé sa vie d'aventurière dans les arbres et le long des toits. En vain je me suis tenu éloigné de ma fenêtre pour lui ôter tout prétexte de crainte ; en vain l'oisillon infirme l'a appelée par des petits cris plaintifs, la mauvaise mère passait en chantant et voletait avec mille coquetteries. Le père s'est approché une seule fois, il a regardé sa progéniture d'un air dédaigneux, puis il a disparu pour ne plus revenir !

J'ai émietté du pain devant le petit orphelin, mais il n'a point su le becqueter. J'ai voulu le saisir, il s'est enfui dans le nid abandonné. Que va-t-il devenir là, si sa mère ne reparaît plus ?

15 août, six heures. — Ce matin, en ouvrant ma fenêtre, j'ai trouvé le petit oiseau à demi mort sur la tuile ; ses blessures m'ont prouvé qu'il avait été chassé du nid par l'indigne mère.

J'ai vainement essayé de le réchauffer sous mon haleine ; je le sens agité des dernières palpitations : ses paupières sont déjà closes, ses ailes pendantes. Je l'ai déposé sur le toit dans un rayon de soleil, et j'ai refermé ma fenêtre. Cette lutte de la vie contre la mort a toujours quelque chose de sinistre : c'est un avertissement !

Heureusement que j'entends venir dans le corridor : c'est sans doute mon vieux voisin ; sa conversation me distraira...

. . . .

C'était ma portière. Excellente femme ! elle voulait me faire lire une lettre de son fils, le marin, et me prier de lui répondre.

J'ai gardé la première pour la copier sur mon journal. La voici :

« Chère mère,

» La présente est pour vous dire que j'ai toujours été bien portant depuis la dernière fois, sauf que, la semaine passée, j'ai manqué de me noyer avec le canot, ce qui aurait été une grande perte, vu qu'il n'y a pas de meilleure embarcation.

» Nous avons capoté par un coup de vent; et, juste comme je revenais sur l'eau, j'ai aperçu le commandant qui allait dessous; je l'ai suivi, comme c'était mon devoir, et, après avoir plongé trois fois je l'ai ramené à flot, ce qui lui a fait bien plaisir; car, quand on nous a eu hissés à bord et qu'il a repris son esprit, il m'a sauté au cou, comme il eût fait à un officier.

» Je ne vous cache pas, chère mère, que ça m'a flatté le cœur. Mais c'est pas tout : il paraît que d'avoir repêché le capitaine, ça a rappelé que j'étais un homme solide, et on vient de m'apprendre que je passais matelot *à trente*, ou autrement dit de première classe ! Quand j'ai su la chose, je me suis écrié : « La mère prendra du café deux fois par jour ! » Et de fait, chère maman, il n'y a plus maintenant d'empêchement, puisque je vas pouvoir vous augmenter ma délégation.

» Je termine en vous suppliant de vous bien soigner, si vous voulez me rendre service ; car l'idée que vous ne manquez de rien me fait me bien porter.

» Votre fils du fond du cœur,

» JACQUES. »

Voici la réponse que la portière m'a dictée :

« Mon bon Jacquot,

» C'est pour moi un grand contentement d'apprendre que tu continues à avoir un brave cœur, et que tu ne feras jamais affront à ceux qui t'ont élevé. Je n'ai pas besoin de te dire de ménager ta vie, parce que tu sais que la mienne est avec, et que sans toi, mon cher enfant, je n'aurais plus de goût que pour le cimetière ; mais on n'est pas obligé de vivre, tandis qu'on est obligé de faire son devoir.

» Ne t'inquiète pas de ma santé, bon Jacques, jamais je ne me suis mieux portée ; je ne vieillis pas du tout, de peur de te faire du chagrin. Rien ne me manque, et je vis comme une propriétaire. J'ai même eu cette année de l'argent de trop, et, comme mes tiroirs ferment très-mal, je l'ai placé à la caisse d'épargne, où j'ai pris un livret en ton nom. Ainsi, quand tu reviendras, tu te trouveras dans les rentiers. J'ai aussi garni ton armoire de linge neuf, et je t'ai tricoté trois nouveaux gilets pour le bord.

» Toutes tes connaissances se portent bien. Ton cousin est mort en laissant sa veuve dans la peine. J'ai dit que tu m'avais écrit de lui remettre les trente francs que j'avais touchés sur ta délégation, et la pauvre femme se souvient de toi, matin et soir, dans ses prières Tu vois que c'est là un placement à une autre caisse d'épargne; mais celle-ci, c'est notre cœur qui en reçoit les intérêts.

» Au revoir, cher Jacquot; écris-moi souvent, et rappelle-toi toujours le bon Dieu et ta vieille maman.

» PHROSINE MILLOT, née FRAISOIS. »

Brave fils et digne mère ! comme de tels exemples ramènent à l'amour du genre humain! Dans un accès de fantaisie misanthropique, on peut envier le sort du sauvage et préférer les oiseaux à ses pareils; mais l'observation impartiale fait bien vite justice de tels paradoxes. A l'examen, on trouve que, dans cette humanité mêlée de bien et de mal, le bien est assez abondant pour que l'habitude nous empêche d'y prendre garde, tandis que le mal nous frappe précisément par son exception. Si rien n'est parfait, rien non plus n'est mauvais sans compensation ou sans ressource. Que de richesses d'âme au milieu des misères de la société ! comme le monde moral y rachète le monde matériel ! Ce qui distinguera à jamais l'homme de tout le reste de la Création, c'est cette faculté des affections choisies et des sacrifices continués. La mère qui soignait sa couvée au coin de ma fenêtre s'est dévouée le temps nécessaire pour accomplir les lois qui assurent la perpétuité de l'espèce ; mais elle obéissait à un instinct, non à une préférence. Sa mission providentielle accomplie, elle a dépouillé le devoir comme un fardeau qu'on rejette, et elle a repris son égoïste liberté. L'autre mère, au contraire, continuera sa tâche aussi longtemps que Dieu la laissera ici-bas ; la vie de son fils restera, pour ainsi dire, ajoutée à la sienne, et, lorsqu'elle disparaîtra de la terre, elle y laissera cette portion d'elle-même.

Ainsi le sentiment fait à notre espèce une existence à part dans le monde; grâce à lui, nous jouissons d'une sorte d'immortalité terrestre, et, quand les autres êtres se *succèdent*, l'homme est le seul qui se *continue*.

CHAPITRE IX

LA FAMILLE DE MICHEL AROUT

Le 15 septembre, huit heures. — Ce matin, pendant que je rangeais mes livres, la mère Geneviève est venue m'apporter le panier de fruits que je lui achète tous les dimanches. Depuis bientôt vingt ans que j'habite le quartier, je me fournis à sa petite boutique de fruitière. Ailleurs, peut-être, je serais mieux servi; mais la mère Geneviève a peu de pratiques; la quitter serait lui faire un tort et un chagrin volontaires; il me semble que l'ancienneté de nos relations m'a fait contracter envers elle une sorte d'obligation tacite ; ma clientèle est devenue sa propriété.

Elle a posé le panier sur ma table, et, comme j'avais besoin de son mari, qui est menuisier, afin d'ajouter quelques rayons à ma bibliothèque, elle est redescendue aussitôt, pour me l'envoyer.

Au premier instant, je n'ai pris garde ni à son air ni à son accent ; mais maintenant je me les rappelle, et il me semble qu'ils n'avaient point leur jovialité habituelle. La mère Geneviève aurait-elle quelque souci ?

Pauvre femme ! ses meilleures années ont été pourtant soumises à d'assez cruelles épreuves pour qu'elle regardât sa dette comme payée. Dussé-je vivre un siècle, je n'oublierai jamais les circonstances qui me l'ont fait connaître et qui lui ont conquis mon respect.

C'était aux premiers mois de mon établissement dans le faubourg. J'avais remarqué sa fruiterie dégarnie où personne n'entrait ; et, attiré par cet abandon, j'y faisais mes modestes achats. J'ai toujours préféré, d'instinct, les pauvres boutiques, j'y trouve moins de choix et d'avantages, mais il me semble que mon achat est un témoignage de sympathie pour un frère en pauvreté. Ces petits commerces sont presque toujours l'ancre de miséricorde de destinées en péril, l'unique ressource de quelque orphelin. Là, le but du marchand n'est point de s'enrichir, mais de vivre ! L'achat que vous lui faites est plus qu'un échange, c'est une bonne action.

La mère Geneviève était encore jeune alors, mais déjà dépouillée de cette fleur des premières années que la souffrance fane si vite chez les femmes du peuple. Son mari, menuisier habile, s'était insensiblement désaccoutumé du travail pour devenir, selon la pittoresque expression des ateliers, un *adorateur de saint Lundi*. Le salaire de la semaine, toujours réduite à deux ou trois jours de travail, était complétement consacré par lui au culte de cette divinité des barrières, et Geneviève devait suffire, par elle-même, à toutes les nécessités du ménage.

Un soir que j'entrais chez elle pour quelques menus achats, j'entendis se quereller dans l'arrière-boutique. Il y avait plusieurs voix de femmes parmi lesquelles je distinguai celle de Geneviève altérée par les larmes. En jetant un coup d'œil vers le fond, j'aperçus la fruitière qui tenait dans ses bras un enfant qu'elle embrassait, tandis qu'une nourrice campagnarde semblait lui réclamer le prix de ses soins. La pauvre femme, qui avait sans doute épuisé toutes les explications et toutes les excuses, pleurait sans répondre, et une de ses voisines cherchait inutilement à apaiser la paysanne. Exaltée par

Le menuisier arrivait de la barrière.

cette avarice villageoise (que justifient trop bien les misères de la rude existence des champs), et par la déception que lui causait le refus du salaire espéré, la nourrice se répandait en récriminations, en menaces, en invectives. J'écoutais, malgré moi, ce triste débat, n'osant l'interrompre et ne songeant point à me retirer, lorsque Michel Arout parut à la porte de la boutique.

Le menuisier arrivait de la barrière, où il avait passé une partie du jour au cabaret. Sa blouse, sans ceinture et dégrafée au cou, ne portait aucune des nobles souillures du travail; il tenait à la main sa casquette qu'il venait de relever dans la boue ; il avait les cheveux en désordre, l'œil fixe et la pâleur de l'ivresse. Il entra en trébuchant, regarda autour de lui d'un air égaré, et appela Geneviève.

Celle-ci entendit sa voix, poussa un cri et s'élança dans la boutique; mais, à la vue du malheureux qui cherchait en vain son équilibre, elle serra l'enfant dans ses bras et se pencha sur sa tête en pleurant.

La paysanne et la voisine l'avaient suivie.

— Ah çà ! à la fin de tout, veut-on me payer ? cria la première exaspérée.

— Demandez l'argent au bourgeois, répondit ironiquement la voisine, en montrant le menuisier qui venait de s'affaisser sur le comptoir.

La paysanne lui jeta un regard.

— Ah ! c'est ça le père ? reprit-elle. Eh bien, en voilà des gueux ! N'avoir pas le sou pour payer les braves gens, et s'abîmer comme ça dans le vin.

L'ivrogne releva la tête.

— De quoi, de quoi ? bégaya-t-il ; qui est-ce qui parle de vin ? J'ai bu que de l'eau-de-vie ! Mais je vais retourner en prendre, du vin ! Femme, donne-moi ta monnaie, il y a des amis qui m'attendent au *Père Lathuile*.

Geneviève ne répondit rien ; il tourna autour du comptoir, ouvrit le tiroir et se mit à y fouiller.

— Vous voyez où passe l'argent de la maison ! fit observer la voisine à la paysanne ; comment la pauvre malheureuse pourrait-elle vous payer quand on lui prend tout ?

— Est-ce que c'est donc ma faute, à moi ? reprit aigrement la nourrice ; on me doit : de manière ou d'autre, faut qu'on me paye !

Et, s'abandonnant à ce flux de paroles habituel aux femmes de la campagne, elle se mit à raconter longuement tous les soins donnés à l'enfant, et tous les frais dont il avait été l'occasion. A mesure qu'elle rappelait ces souvenirs, sa parole semblait la convaincre plus complétement de son bon droit, et exalter son indignation. La pauvre mère, qui craignait sans doute que ces violences ne finissent par effrayer le nourrisson, rentra dans l'arrière-boutique et le déposa dans son berceau.

Soit que la paysanne vît dans cet acte le parti pris d'échapper à ses réclamations, soit qu'elle fût aveuglée par la colère, elle se précipita vers la pièce du fond, où j'entendis le bruit d'un débat auquel se mêlèrent bientôt les cris de l'enfant. Le menuisier, qui continuait à chercher dans le tiroir, tressaillit et leva la tête.

Au même instant, Geneviève parut à la porte, tenant dans ses bras le nourrisson que la paysanne voulait lui arracher. Elle courut au comptoir et se précipita derrière son mari en criant :

— Michel, défends ton fils !

L'homme ivre se redressa brusquement de toute sa hauteur, comme quelqu'un qui se réveille en sursaut.

— Mon fils ? balbutia-t-il ; quel fils !

Ses regards tombèrent sur l'enfant; un

vague éclair d'intelligence traversa ses traits.

— Robert..., reprit-il, c'est Robert !

Il voulut s'affermir sur ses pieds pour prendre le nourrisson; mais il vacillait. La nourrice s'approcha, exaspérée.

— Mon argent ou j'emporte le petit! s'écria-t-elle; c'est moi qui l'ai nourri et élevé : si vous ne payez pas ce qui l'a fait vivre, il doit être pour vous comme s'il était mort. Je ne m'en irai pas sans avoir mon dû ou le nourrisson.

— Et qu'en voulez-vous faire? murmura Geneviève qui serrait Robert contre son sein.

— Un enfant trouvé! répliqua durement la paysanne; l'hospice est un meilleur parent que vous, car il paye pour les petits qu'on lui nourrit.

Au mot d'enfant trouvé, Geneviève avait poussé un cri d'horreur. Les bras enlacés autour de son fils dont elle cachait la tête dans sa poitrine, et les deux mains étendues sur lui, elle avait reculé jusqu'au mur et s'y tenait adossée comme une lionne défendant ses petits. La voisine et moi contemplions cette scène sans savoir par quel moyen nous entremettre. Quant à Michel, il nous regardait alternativement, en faisant un visible effort pour comprendre. Lorsque son œil s'arrêtait sur Geneviève et sur l'enfant, une rapide expression de joie s'y reflétait; mais, en se retournant vers nous, il reprenait sa stupidité et son hésitation.

Enfin, il sembla faire un effort prodigieux, s'écria :

— Attendez !

Et, s'avançant vers un baquet plein d'eau, il s'y plongea le visage à plusieurs reprises.

Tous les yeux s'étaient tournés vers lui; la paysanne elle-même semblait étonnée. Enfin il releva sa tête ruisselante. Cette ablution avait dissipé une partie de son ivresse; il nous regarda un instant, puis se tourna vers Geneviève, et tout son visage s'illumina.

— Robert! s'écria-t-il en allant à l'enfant qu'il prit dans ses bras. Ah! donne, femme, je veux le voir.

La mère parut lui abandonner son fils avec répugnance, et resta devant lui les bras étendus, comme si elle eût craint une chute pour l'enfant. La nourrice reprit à son tour la parole et renouvela ses réclamations, en menaçant cette fois de la justice. Michel écouta d'abord attentivement; mais, quand il eut compris, il remit le nourrisson à sa mère.

— Combien doit-on? demanda-t-il.

La paysanne se mit à détailler les différentes dépenses, qui montaient à un peu plus de trente francs. Le menuisier cherchait au fond de ses poches, sans rien trouver. Son front se plissait de plus en plus; de sourdes malédictions commençaient à lui échapper ; tout à coup il fouilla dans sa poitrine, en retira une grosse montre, et, l'élevant au-dessus de sa tête :

— Le voilà, votre argent ! s'écria-t-il avec un éclat de gaieté ; une montre, premier numéro ! Je me disais toujours que ça serait une poire pour la soif ; mais c'est pas moi qui l'aurai bue, c'est le petit... Ah ! ah ! ah ! allez me la vendre, voisine, et, si ça ne suffit pas, j'ai mes boucles d'oreilles. Eh ! Geneviève, tire-les moi, les boucles d'oreilles à l'équerre ! Il ne sera pas dit qu'on t'aura fait affront pour l'enfant. Non... quand je devrais mettre en gage un morceau de ma chair ! La montre, les boucles d'oreilles et ma bague, *lavez*-moi tout ça chez l'orfèvre ; payez la campagnarde et laissez dormir le moutard. —Donne, Geneviève, je vas le mettre au lit.

Et, prenant le nourrisson des bras de la mère, il le porta d'un pas ferme à son berceau.

Il fut facile de remarquer le changement qui se fit dans Michel à partir de cette journée. Toutes les vieilles relations de débauche furent rompues. Partant pour le travail dès le matin, il revenait régulièrement chaque soir pour finir le jour avec Geneviève et Robert. Bientôt même, il ne voulut plus les quitter, il loua une boutique près de la fruiterie et y travailla pour son compte.

L'aisance serait revenue à la maison sans les dépenses que nécessitait l'enfant. Tout était sacrifié à son éducation. Il avait suivi les écoles, étudié les mathématiques, le dessin, la coupe des charpentes, et ne commençait à travailler que depuis quelques mois. Jusqu'ici, le laborieux ménage avait donc épuisé ses ressources à lui préparer une place d'élite dans sa profession ; mais, par bonheur, tant d'efforts n'étaient point inutiles ; la semence avait porté ses fruits, et l'on touchait aux jours de la moisson...

Pendant que je repassais ainsi mes souvenirs, Michel était arrivé et s'occupait de poser les étagères à l'endroit indiqué.

Tout en écrivant les notes de mon journal, je me suis mis à examiner le menuisier.

Les excès de la jeunesse et le travail de l'âge mûr ont profondément sillonné son visage ; les cheveux sont rares et grisonnants, les épaules courbées, les jambes amaigries et légèrement ployées. On sent, dans tout son être, une sorte d'affaissement. Les traits eux-mêmes ont une expression de tristesse découragée. Il répond à mes questions par monosyllabes et comme un homme qui veut éviter l'entretien. D'où peut venir cet abattement quand il semble devoir être au terme de ses désirs ? Je veux le savoir !...

Dix heures. — Michel vient de redescendre pour chercher un outil qui lui manquait. J'ai enfin réussi à lui arracher le secret de sa tristesse et de celle de Geneviève. Leur fils Robert en est cause.

Non qu'il ait mal répondu à leurs soins, qu'il soit paresseux ou libertin ; mais tous deux espéraient qu'il ne les quitterait plus. La présence du jeune homme devait renouveler et faire refleurir ces deux existences ; la mère comptait les jours, le père préparait tout pour recevoir ce cher compagnon de travail, et, au moment où ils allaient ainsi être payés de leurs sacrifices, Robert leur avait tout à coup annoncé qu'il venait de s'engager avec un entrepreneur de Versailles.

Toutes les remontrances et toutes les prières avaient été inutiles ; il avait mis en avant la nécessité de s'initier au mécanisme d'une grande entreprise, la facilité de poursuivre, dans sa nouvelle position, des recherches commencées, et l'espoir de les appliquer. Enfin, lorsque sa mère, à bout de raisons, s'était mise à pleurer, il l'avait embrassée avec précipitation, et était parti pour échapper à de nouvelles prières.

Son absence durait depuis un an, et rien n'annonçait son retour. Ses parents le voyaient à peine une fois chaque mois, encore ne restait-il que quelques instants.

— J'ai été puni par où j'espérais être récompensé, me disait tout à l'heure Michel; j'avais désiré un fils économe et laborieux; Dieu m'a *donné* un fils ambitieux et avare !... Je m'étais toujours dit qu'une fois élevé, nous l'aurions à nos côtés pour nous rappeler notre jeunesse et nous égayer le cœur ; sa mère ne pensait qu'à le marier pour avoir encore des enfants à soigner. Vous savez que les femmes, ça a toujours besoin de s'occuper des autres !... Moi, je le voyais travailler près de mon établi en chantant les nouveaux airs... car il a appris la musique, et c'était le plus fort de l'Orphéon ! — Une vraie rêverie, monsieur ! — Dès qu'il a eu ses plumes, l'oiseau a pris sa volée, et il ne reconnaît plus ni père ni mère ! Hier, par exemple, c'était le jour où nous l'attendions ; il devait arriver pour souper avec nous ! Pas plus de Robert qu'aujourd'hui ! il aura eu quelque dessin à finir, quelque marché à traiter, et les vieux parents, ça ne vient qu'en dernière ligne, après les pratiques et la menuiserie. Ah ! si j'avais deviné comment tournerait la chose ! Imbécile ! qui ai sacrifié pendant près de vingt ans mes goûts et mon argent pour élever un ingrat. C'était bien la peine de me guérir de ma soif, de rompre avec les amis, et de devenir le modèle du quartier ! Le bon vivant s'est fait père-dindon ! — Oh ! si j'étais à recommencer ! — Non, non, voyez-vous, les femmes et les enfants, c'est notre perte. Ils nous amollissent le cœur, ils nous amènent à vivre d'espérance, de dévouement ; nous passons un quart de notre existence à faire pousser un grain de blé qui doit nous tenir lieu de tout dans nos vieux jours, et, quand l'heure de la moisson vient, bonsoir, il n'y a rien dans l'épi !

En parlant ainsi, Michel avait la voix rauque, l'œil ardent et les lèvres tremblantes. J'ai voulu lui répondre, mais je n'ai trouvé que des consolations banales : je me suis tû. Le menuisier a prétendu qu'il lui manquait un outil et m'a quitté.

Pauvre père ! ah ! je connais ces moments de tentation où, mal récompensé de la vertu, on regrette d'y avoir obéi ! Qui n'a eu de ces défaillances aux heures d'épreuve, et qui n'a jeté, au moins une fois, le funeste cri de Brutus ?

Mais, si *la vertu n'est qu'un mot*, qu'y a-t-il donc de réel et de sérieux dans la vie ? — Non je ne veux point croire à la vanité du bien ! Il ne donne pas toujours les joies que nous avions espérées, mais il en apporte d'autres. Tout, dans le monde, a sa logique et son résultat : la vertu ne peut échapper seule à la loi commune. Si elle devait être dommageable à qui l'exerce, l'expérience en aurait fait justice, et l'expérience l'a, au contraire, rendue plus générale et plus sainte. Nous ne l'accusons d'être une débitrice infidèle que parce que nous lui demandons un payement immédiat et qui puisse frapper nos sens. La vie est toujours, pour nous, un conte de fées où chaque bonne action doit être récompensée par une merveille. Nous n'acceptons en payement ni le repos de la conscience, ni le contentement de nous-mêmes, ni la bonne renommée parmi les hommes, trésors plus précieux qu'aucun autre, mais dont on ne sent le prix qu'après les avoir perdus!

Michel est de retour et s'est remis au travail. Son fils n'est point encore arrivé.

En me racontant ses espérances et ses douloureux désappointements, son esprit s'est exalté; il reprend sans cesse le même sujet et ajoute quelque chose à ses griefs. Il vient de me compléter ses confidences en me parlant d'un fonds de menuiserie qu'il avait espéré acquérir et exploiter avec l'aide de Robert. Le maître actuel s'y était enrichi : après trente années d'activité, il songeait à se retirer dans un de ces cottages fleuris de la banlieue, retraites ordinaires du travailleur économe que le hasard a servi. A la vérité, les deux mille francs qui devaient être payés comptant manquaient à Michel; mais peut-être eût-il décidé maître Benoit à attendre; la présence de Robert eût été pour lui une garantie; car le jeune homme ne pouvait manquer de faire prospérer un atelier; outre la science et l'adresse il avait l'imagination qui découvre ou perfectionne. Son père avait surpris dans ses dessins une nouvelle coupe d'escalier qui le préoccupait depuis longtemps, et le soupçonnait même de n'avoir traité avec l'entrepreneur de Versailles que pour l'exécuter. Le jeune garçon était tourmenté par ce génie de l'invention qui s'empare de la vie tout entière, et, livré aux calculs de l'intelligence, il n'avait point le loisir d'écouter son cœur.

Michel me raconte tout cela avec un mélange de fierté et de mépris. On sent qu'il tire orgueil du fils qu'il accuse, et que cet orgueil même le rend plus sensible à son abandon.

Six heures du soir. — Je viens de finir une heureuse journée. Que d'événements en quelques heures et quel changement pour Geneviève et pour Michel !

Celui-ci achevait de poser les étagères, en me

parlant de son fils, tandis que je mettais le couvert pour mon déjeuner.

Tout à coup, des pas pressés ont retenti dans le corridor, la porte s'est ouverte, et Geneviève est entrée avec Robert.

Le menuisier a fait un mouvement de joyeuse surprise, mais qu'il a réprimé aussitôt, comme s'il eût voulu garder l'apparence du ressentiment.

Le jeune homme n'a point paru s'en apercevoir ; il s'est jeté dans ses bras avec une expansion qui m'a surpris. Geneviève, la figure rayonnante, semblait vouloir parler et se retenir avec peine.

J'ai souhaité la bienvenue à Robert, qui m'a salué d'un air d'aisance polie.

— Je t'attendais hier, a dit Michel Arout un peu sèchement.

— Pardon, père, a répondu le jeune ouvrier,

mais j'avais affaire à Saint-Germain. Je n'ai pu rentrer que très-tard, et le bourgeois m'a retenu.

Le menuisier a regardé son fils de côté et a repris son marteau.

— C'est juste ! a-t-il murmuré d'un ton boudeur ; quand on est chez les autres, faut faire leurs volontés ; aussi il y en a qui aiment mieux manger du pain noir avec leur couteau, que des perdrix avec la fourchette d'un maître.

— Et je suis de ceux-là, mon père, a répliqué Robert gaiement ; mais, comme dit le proverbe, pour *manger les pois, il faut les écosser*. J'avais besoin de travailler d'abord dans un grand atelier...

— Pour ton système d'escalier ! a interrompu Michel ironiquement.

— Il faut dire maintenant le système de M. Raymond, mon père, a répliqué Robert en souriant.

— Pourquoi cela ?

— Parce que je lui ai vendu l'invention.

Le menuisier, qui rabotait une planche, s'est retourné vivement.

— Vendu ! s'est-il écrié l'œil étincelant.

— Par la raison que je n'étais pas assez riche pour la donner.

Michel a rejeté la planche et l'outil.

— Voilà qui lui manquait ! a-t-il repris avec colère, son bon génie lui envoie une idée qui pouvait faire parler de lui, et il la vend à un richard qui s'en fera honneur.

— Eh bien, quel mal y a-t-il ? a demandé Geneviève.

— Quel mal ? s'est écrié le menuisier avec emportement ; tu ne comprends rien à cela, toi, tu es une femme ; mais lui, lui, il sait bien qu'un véritable ouvrier ne cède pas plus son invention pour de l'argent qu'un soldat ne céderait sa croix. C'est sa gloire aussi ; faut qu'il la garde pour s'en faire honneur ! Ah ! tonnerre ! si j'avais jamais fait une découverte, plutôt que de la mettre à l'encan, j'aurais vendu un de mes yeux ! Une invention pour un ouvrier qui a de ça, vois-tu, c'est comme un enfant : il la soigne, il l'élève, il lui fait faire son chemin dans le monde, et il n'y a que les sans-cœur qui en font marché.

Robert a rougi légèrement.

— Vous penserez autrement, mon père, a-t-il dit, quand vous saurez pourquoi j'ai vendu mon système.

— Oui, et tu le remercieras, a ajouté Geneviève, qui ne pouvait plus se taire.

— Jamais, a répondu Michel.

— Mais, malheureux, s'est-elle écriée, il ne l'a vendu que pour nous !

Le menuisier a regardé sa femme et son fils

d'un air stupéfait. Il a fallu en venir aux explications.

Celui-ci a raconté comment il était entré en pourparlers avec maître Benoît, qui, pour céder son établissement, avait absolument exigé moitié des deux mille francs comptant. C'était dans l'espoir de se les procurer qu'il était entré chez le maître entrepreneur de Versailles; il avait pu y expérimenter son invention et trouver un acheteur. Grâce à l'argent reçu, il venait de conclure avec Benoît, et il apportait à son père la clef du nouveau chantier.

Cette explication du jeune ouvrier avait été donnée avec tant de modestie et de simplicité, que j'en ai été tout ému. Geneviève pleurait, Michel a serré son fils sur sa poitrine, et, dans ce long embrassement, il a semblé lui demander pardon de l'avoir accusé.

Tout s'explique maintenant à la gloire de Ro-

Ils allaient lui demander pardon.

bert. L'éloignement que ses parents avaient pris pour de l'indifférence n'était que du dévouement; il n'avait obéi ni à l'ambition, ni à l'avarice, ni même à cette passion plus noble d'un génie inventeur ; sa seule inspiration et son seul but avaient été le bonheur de Geneviève et de Michel. Le jour de la reconnaissance était venu pour lui, et il leur rendait sacrifice pour sacrifice !

Après les exclamations de joie et les explications, tous trois ont voulu me quitter ; mais la table était dressée ; j'ai ajouté trois couverts, je les ai retenus à déjeuner.

Le repas s'est prolongé ; la chère y était médiocrement succulente ; mais les épanchements du cœur l'ont rendue délicieuse. Jamais je n'avais mieux compris l'ineffable attrait de la famille. Quelle douceur dans ces joies toujours partagées, dans cette communauté d'intérêts qui confond les sensations, dans cette association d'existences qui, de plusieurs êtres, forme un seul être ! Qu'est-ce que l'homme sans ces affections du foyer qui, comme autant de racines, e fixent solidement à la terre et lui permettent d'aspirer tous les sucs de la vie ? Force, bonheur, tout ne vient-il point de là ? Sans la famille, où l'homme apprendrait-il à aimer, à s'associer, à se dévouer ? Société en petit, n'est-ce point elle qui nous enseigne à vivre dans la grande ? Telle est la sainteté du foyer, que, pour exprimer nos rapports avec Dieu, nous avons dû emprunter les mots inventés pour la famille. Les hommes se sont nommés eux-mêmes les *fils* du *Père* suprême !

Ah ! conservons-les, ces chaînes de l'intimité domestique ; ne délions pas la gerbe humaine pour livrer ses épis à tous les caprices du hasard et du vent ; mais élargissons plutôt cette sainte loi, transportons les habitudes de la famille au dehors, et réalisons, s'il se peut, le vœu de l'apôtre des gentils, quand il criait aux nouveaux enfants du Christ : *Soyez tous ensemble comme si vous étiez un seul !*

CHAPITRE X

LA PATRIE

Octobre. — Le 12, sept heures du matin. — Les nuits sont déjà devenues froides et longues; le soleil ne me réveille plus derrière mes rideaux longtemps avant l'heure du travail, et, lors même que mes yeux se sont ouverts, la douce chaleur du lit me retient enchaîné sous mon édredon. Tous les matins, il s'élève un long débat entre ma diligence et ma paresse, et, chaudement enveloppé jusqu'aux yeux, j'attends, comme le Gascon, qu'elles aient réussi à se mettre d'accord.

Ce matin, cependant, une lueur qui glissait à travers ma porte jusqu'à mon chevet, m'a réveillé plus tôt que d'habitude. J'ai eu beau me retourner de tous côtés, la clarté obstinée m'a poursuivi, de position en position, comme un ennemi victorieux. Enfin, à bout de patience, je me suis levé sur mon séant, et j'ai lancé mon bonnet de nuit au pied du lit !...

(J'observerai, entre parenthèses, que les différentes évolutions de cette pacifique coiffure paraissent avoir été, de tout temps, le symbole des mouvements passionnés de l'âme; car notre langue leur a emprunté ses images les plus usuelles. C'est ainsi que l'on dit : *Mettre son bonnet de travers ; jeter son bonnet par-dessus les moulins ; avoir la tête près du bonnet*, etc.)

Quoi qu'il en soit, je me suis levé de fort mauvaise humeur, pestant contre mon nouveau voisin qui s'avise de veiller quand je veux dormir. Nous sommes tous ainsi faits ; nous ne comprenons pas que les autres hommes puissent vivre pour leur propre compte. Chacun de nous ressemble à la terre du vieux système de Ptolémée, et veut que l'univers entier tourne autour de lui. Sur ce point, pour employer la métaphore déjà signalée plus haut : *Tous les hommes ont la tête dans le même bonnet.*

J'avais provisoirement, comme je l'ai déjà dit, lancé le mien à l'autre bout de mon alcôve, et je dégageais lentement mes jambes des chaudes couvertures, en faisant une foule de réflexions maussades sur l'inconvénient des voisins.

Il y a un mois encore, je n'avais point à me plaindre de ceux que le hasard m'avait donnés ; la plupart ne rentraient que pour dormir, et ressortaient dès leur réveil. J'étais presque toujours seul à ce haut étage, seul avec les nuées et les passereaux.

Mais à Paris rien n'est durable : le flot de la vie roule les destinées comme des algues détachées du rocher ; les demeures sont des vaisseaux qui ne reçoivent que des passagers. Combien de visages différents j'ai déjà vus traverser ce long corridor de nos mansardes ? Combien de compagnons de quelques jours disparus pour jamais ! Les uns sont allés se perdre dans cette mêlée de vivants qui tourbillonne sous le fouet de la nécessité ; les autres dans cette litière de morts qui dorment sous la main de Dieu !

Pierre, le relieur, est un de ces derniers. Retiré dans son égoïsme, il était resté sans famille, sans amis ; il est mort seul comme il avait vécu. Sa perte n'a été pleurée de personne, n'a rien dérangé dans le monde ; il y a eu seulement une fosse remplie au cimetière et une mansarde vide dans notre faubourg.

C'est elle que mon nouveau voisin occupe depuis quelques jours.

A vrai dire (maintenant que je suis tout à fait réveillé et que ma mauvaise humeur est allée rejoindre mon bonnet), à vrai dire, ce nouveau voisin, pour être plus matinal qu'il ne conviendrait à ma paresse, n'en est pas moins un fort brave homme ; il porte sa misère, comme bien peu savent porter leur heureuse fortune, avec gaieté et modération.

Cependant, le sort l'a cruellement éprouvé. Le père Chaufour n'est plus qu'une ruine d'homme. A la place d'un de ses bras pend une manche repliée ; la jambe gauche sort de chez le tourneur, et la droite se traîne avec peine ; mais au-dessus de ces débris se dresse un visage calme et jovial. En voyant son regard rayonnant d'une sereine énergie, en entendant sa voix dont la fermeté est, pour ainsi dire, accentuée de bonté, on sent que l'âme est restée entière dans l'enveloppe à moitié détruite. La forteresse est un peu endommagée, comme dit le père Chaufour ; mais la garnison se porte bien.

Décidément, plus je me rappelle cet excellent homme, plus je me reproche l'espèce de malédiction que je lui ai jetée en me réveillant.

Nous sommes, en général, trop indulgents pour ces torts secrets envers notre prochain. Toute malveillance qui ne sort pas du domaine de la pensée nous semble innocente, et, dans notre grossière justice, nous absolvons sans examen le péché qui ne s'est point traduit par l'action !

Mais ne sommes-nous donc tenus envers les autres qu'à l'exécution des codes ? Outre les relations de faits, n'y a-t-il point entre les hommes une sérieuse relation de sentiments ? Ne devons-nous point à tous ceux qui vivent sous le même ciel que nous le secours, non-seulement de nos actes, mais de nos intentions ? Chaque destinée humaine ne doit-elle pas être pour nous un vaisseau que nous accompagnons de nos vœux d'heureux voyage ? Il ne suffit pas que les hommes ne se nuisent point l'un à l'autre, il faut encore qu'ils s'entr'aident, il faut qu'ils s'aiment ! La bénédiction du pape : *Urbi et orbi !* devrait être l'éternel cri de tous les cœurs. Maudire qui ne l'a point mérité, même intérieurement, même en passant, c'est contrevenir à la grande loi, celle qui a établi ici-bas l'association des âmes, et à laquelle le Christ a donné le doux nom de *charité*.

Ces scrupules me sont venus pendant que j'achève de m'habiller, et je me suis dit que le père Chaufour avait droit à une réparation. Pour compenser le mouvement de malveillance de tout à l'heure, je lui dois un témoignage ostensible de sympathie ; je l'entends fredonner chez lui ; il est au travail ; je veux lui faire, le premier, ma visite de voisinage.

Huit heures du soir. — J'ai trouvé le père Chaufour devant une table éclairée par une petite lampe fumeuse, sans feu, bien qu'il fasse déjà froid, et fabriquant de grossiers cartonnages ; il murmurait entre ses dents un refrain populaire. Au moment où j'ai entr'ouvert la porte, il a poussé une exclamation de joyeuse surprise.

— Eh! c'est vous, voisin! entrez donc! je ne vous croyais pas si matinal ; aussi j'avais mis une sourdine à ma chanterelle ; j'avais peur de vous réveiller.

Excellent homme! tandis que je l'envoyais au diable, il se gênait pour moi!

Cette idée m'a touché, et je lui ai fait, comme voisin, mes compliments de bienvenue avec une expansion qui lui a ouvert le cœur.

— Ma foi ! vous m'avez l'air d'un bon chrétien, m'a-t-il dit d'un ton de cordialité soldatesque en me serrant la main ; j'aime pas les gens qui regardent le corridor comme une frontière et traitent les voisins en cosaques. Quand on mange du même air et qu'on parle le même jargon, on n'est pas fait pour se tourner le dos... Asseyez-vous là, voisin, sans vous commander... Seulement, prenez garde au tabouret, il n'a que trois pieds, et faut que la bonne volonté tienne lieu du quatrième.

— Il me semble que c'est une richesse qui ne manque point ici ? ai-je fait observer.

— La bonne volonté ! a répété Chaufour ; c'est tout ce que m'a laissé ma mère, et j'estime qu'aucun fils n'a reçu un meilleur héritage. Aussi, à la batterie, ils m'appelaient *Monsieur Content.*

— Vous avez servi ?

— Dans le troisième d'artillerie pendant la République, et plus tard dans la garde, pendant tout le tremblement. J'étais à Jemmapes et à Waterloo, comme qui dirait au baptême et à l'enterrement de notre gloire !

Je le regardai avec étonnement.

— Et quel âge aviez-vous donc à Jemmapes? demandai-je.

— Mais quelque chose comme quinze ans, dit-il.

— Et vous avez eu l'idée de servir si jeune ?

— C'est-à-dire que je n'y songeais pas. Je travaillais alors dans la bimbeloterie, sans penser que la France pût me demander autre chose que de lui fabriquer des damiers, des volants et des bilboquets. Mais j'avais à Vincennes un vieil oncle que j'allais voir, de loin en loin ; un ancien de Fontenoy, arrangé dans mon genre, mais un savant qui en eût remontré à des maréchaux. Malheureusement, dans ce temps-là, il paraît que les gens de rien n'arrivaient pas à la vapeur. Mon oncle, qui avait servi de manière à être nommé prince sous *l'autre*, était alors retraité comme simple sous-lieutenant. Mais fallait le voir avec son uniforme, sa croix de Saint-Louis, sa jambe de bois, ses moustaches blanches et sa belle figure... On eût dit un portrait de ces vieux héros en cheveux poudrés qui sont à Versailles !

» Toutes les fois que je le visitais, il me disait des choses qui me restaient dans l'esprit. Mais un jour je le trouvai tout sérieux.

» — Jérôme, me dit-il, sais-tu ce qui se passe à la frontière ?

» — Non, lieutenant, que je lui réponds.

» — Eh bien, qu'il reprend, la patrie est en péril ! Je ne comprenais pas bien, et cependant ça me fit quelque chose.

» — Tu n'as peut-être jamais pensé à ce qu'est la patrie? reprit-il en me posant une main sur l'épaule ; c'est tout ce qui t'entoure, tout ce qui t'a élevé et nourri, tout ce que tu as aimé ! Cette campagne que tu vois, ces maisons, ces arbres, ces jeunes filles qui passent là en riant, c'est la patrie ! Les lois qui te protégent, le pain qui paye ton travail, les paroles que tu échanges, la joie et la tristesse qui te viennent des hommes et des choses parmi lesquels tu vis, c'est la patrie ! La petite chambre où tu as vu autrefois ta mère, les souvenirs qu'elle t'a laissés, la terre où elle repose, c'est la patrie ! tu la vois, tu la respires partout ! Figure-toi, mon fils, tes droits et tes devoirs, tes affections et tes besoins, tes souvenirs et ta reconnaissance, réunis tout ça sous un seul nom, et ce nom-là sera la patrie !

» J'étais tremblant d'émotion, avec de grosses larmes dans les yeux.

» — Ah! j'entends, m'écriai-je; c'est la famille en grand, c'est le morceau de monde où Dieu a attaché notre corps et notre âme.

» — Juste, Jérôme, continua le vieux soldat; aussi tu comprends, n'est-ce pas, ce que nous lui devons?

» — Parbleu! que je repris, nous lui devons tout ce que nous sommes; c'est une affaire de cœur.

» — Et de probité, mon enfant, qu'il acheva; le membre d'une famille qui n'y apporte pas sa part de services, de bonheur, manque à ses devoirs et est un mauvais parent; l'associé qui n'enrichit pas la communauté de toutes ses forces, de tout son courage, de toutes ses bonnes intentions, la fraude de ce qui lui appartient et est un malhonnête homme; de même celui qui jouit des avantages d'avoir une patrie sans en accepter toutes les charges, forfait à l'honneur et est un mauvais citoyen !

» — Et que faut-il faire, lieutenant, pour être bon citoyen ? demandai-je.

» — Faire pour sa patrie ce qu'on ferait pour son père et sa mère, dit-il.

» Je ne répliquai rien sur le moment, j'avais le cœur gonflé et le sang qui me bouillait dans le cerveau. Mais, en revenant le long du chemin, les paroles de mon oncle étaient, pour ainsi dire, écrites devant mes yeux. Je répétais : « Fais pour ta patrie ce que tu ferais pour ton » père et pour ta mère... » Et la patrie est en péril; les étrangers l'attaquent, tandis que, moi, je tourne des bilboquets !...

» Cette idée-là me travailla si bien dans l'esprit toute la nuit, que le lendemain je retournai à Vincennes pour annoncer au lieutenant que je venais de m'enrôler, et que je partais pour la frontière. Le brave homme me serra sur sa croix de Saint-Louis, et je m'en allai fier comme un représentant en mission.

» Voilà comment, voisin, je suis devenu volontaire de la République avant d'avoir fait mes dents de sagesse. »

Tout cela était dit sans emphase, avec la gaieté délibérée des hommes qui ne regardent le devoir accompli ni comme un mérite, ni comme un fardeau. Le père Chaufour s'animait en parlant, non à cause de lui, mais pour les choses mêmes. Évidemment ce qui l'occupait dans le drame de la vie, ce n'était point son rôle, c'était la pièce.

Cette espèce de désintéressement d'amour-propre m'a touché. J'ai prolongé ma visite et je lui ai montré une grande confiance, afin de mériter la sienne. Au bout d'une heure, il savait ma position et mes habitudes ; j'étais déjà pour lui une vieille connaissance.

Je lui ai même avoué la mauvaise humeur que la lueur de sa lampe m'avait donnée quelques instants auparavant. Il reçut ma confidence avec cette gaieté affectueuse des cœurs bien faits qui prennent toute chose du bon côté. Il ne m'a parlé ni du besoin qui l'obligeait au travail quand je prolongeais mon sommeil, ni du dénûment du vieux soldat opposé à la mollesse du jeune commis; il s'est seulement frappé le front en s'accusant d'étourderie, et il m'a promis de garnir sa porte de bourrelets.

O grande et belle âme, chez laquelle rien ne tourne en amertume, et qui n'a de force que pour la bienveillance et le devoir !

15 octobre. — Ce matin, je regardais une petite gravure, encadrée par moi et placée au-dessus de ma table de travail; c'est un dessin où Gavarni, devenu sérieux, a représenté *un vétéran et un conscrit*.

A force de contempler ces deux figures, d'expression si diverse et si vive, toutes deux se sont animées devant mes yeux; je les ai vues se mouvoir, je les ai entendues se parler; l'image est devenue une scène vivante dont je me trouvais le spectateur.

Le vétéran avançait lentement, une main appuyée sur l'épaule du jeune soldat. Ses yeux, à jamais fermés, n'apercevaient plus le soleil qui scintillait à travers les marronniers en fleur. A la place du bras droit se pliait une manche vide, et l'une des cuisses reposait sur une jambe de chêne dont le retentissement sur le pavé faisait retourner les passants.

A la vue de ce vieux débris de nos luttes patriotiques, la plupart hochaient la tête avec une pitié affligée, et faisaient entendre une plainte ou une malédiction.

— Voilà à quoi sert la gloire ! disait un gros marchand, en détournant les yeux avec horreur.

— Déplorable emploi d'une vie humaine ! reprenait un jeune homme qui portait sous le bras un volume de philosophie.

— Le troupier aurait mieux fait de ne point quitter sa charrue, ajoutait un paysan d'un air narquois.

— Pauvre vieux ! murmurait une femme presque attendrie.

Le vétéran a entendu et son front s'est plissé ! car il lui semble que son conducteur est devenu pensif. Frappé de ce qui se répète autour de lui, il répond à peine aux questions du vieillard, et son regard, vaguement perdu dans l'espace, paraît y chercher la solution de quelque problème.

Les moustaches grises du vétéran se sont agitées; il s'arrête brusquement, et, retenant, du bras qui lui reste, son jeune conducteur :

— Ils me plaignent tous, dit-il, parce qu'ils ne comprennent pas; mais si je voulais leur répondre !...

— Que leur diriez-vous, père ? demande le jeune garçon avec curiosité.

— Je dirais d'abord à la femme qui s'afflige en me regardant, de donner ses larmes à d'autres malheurs, car chacune de mes blessures rappelle un effort tenté pour le drapeau. On peut douter de certains dévouements; le mien est visible; je porte sur moi des états de service écrits avec le fer et le plomb des ennemis; me plaindre d'avoir fait mon devoir, c'est supposer qu'il eût mieux valu le trahir.

— Et que répondriez-vous au paysan, père ?

— Je lui répondrais que, pour conduire paisiblement la charrue, il faut d'abord garantir la frontière, et que, tant qu'il y aura des étrangers prêts à manger notre moisson, il faudra des bras pour la défendre.

— Mais le jeune savant aussi a secoué la tête, en déplorant un pareil emploi de la vie.

— Parce qu'il ne sait pas ce que peuvent apprendre le sacrifice et la souffrance ! Les livres qu'il étudie, nous les avons pratiqués, nous, sans les connaître ; les principes qu'il applaudit, nous les avons défendus avec la poudre et la baïonnette.

— Et au prix de vos membres et de votre sang ; le bourgeois l'a dit, en voyant ce corps mutilé : « Voilà à quoi sert la gloire ! »

— Ne le crois pas, mon fils ; la vraie gloire est le pain du cœur ; c'est elle qui nourrit le dévouement, la patience, le courage. Le maître de tout l'a donnée comme un lien de plus entre les hommes. Vouloir être remarqué par ses frères, n'est-ce pas encore leur prouver notre estime et notre sympathie? Le besoin d'admiration n'est qu'un des côtés de l'amour. Non, non, la gloire *juste* n'est jamais trop payée ! Ce qu'il faut déplorer, enfant, ce ne sont pas les infirmités qui constatent un généreux sacrifice, mais celles qu'ont appelées nos vices ou nos imprudences. Ah ! si je pouvais parler haut à ceux qui me jettent, en passant, un regard de pitié, je crierais à ce jeune homme, dont les excès ont obscurci la vue avant l'âge : « Qu'as-tu fait de tes yeux ? » A l'oisif qui traîne, avec effort, sa masse énervée : « Qu'as-tu fait de tes pieds ? » Au vieillard que la goutte punit de son intempérance : « Qu'as-tu fait de tes mains ? » A tous : « Qu'avez-vous fait des jours que Dieu vous avait accordés, des facultés que vous deviez employer au profit de vos frères? Si vous ne pouvez répondre, ne plaignez plus le vieux soldat mutilé pour le pays; car, lui, il peut du moins montrer ses cicatrices sans rougir. »

16 *octobre*. — La petite gravure m'a fait mieux comprendre les mérites du père Chaufour et je l'en ai estimé davantage.

Il sort à l'instant de ma mansarde. Il ne se passe plus un seul jour sans qu'il vienne travailler près de mon feu ou sans que j'aille m'asseoir et causer près de son établi.

Le vieil artilleur a beaucoup vu et raconte volontiers. Voyageur armé pendant vingt ans à travers l'Europe, il a fait la guerre sans haine et avec une seule idée : l'honneur du drapeau national. Ç'a été là sa superstition, si l'on veut ; mais ç'a été, en même temps, sa sauvegarde.

Ce mot de *France*, qui retentissait alors si glorieusement dans le monde, lui a servi de talisman contre toutes les tentations. Avoir à soutenir un grand nom peut sembler un fardeau aux natures vulgaires ; mais, pour les forts, c'est un encouragement.

— J'ai bien eu aussi des instants, me disait-il l'autre jour, où j'aurais été porté à *cousiner avec le diable.* La guerre n'est pas précisément une école de vertus champêtres. A force de brûler, de démolir et de tuer, vous vous racornissez un peu à l'endroit des sentiments, et, quand la baïonnette vous a fait roi, il vous vient parfois des idées d'autocrate un peu fortes en couleur. Mais, à ces moments-là, je me rappelais la patrie dont m'avait parlé le lieutenant, et je me disais tout bas le mot connu : *Toujours Français !* On en a ri depuis. Des gens qui feraient sur la mort de leur mère un calembour, ont tourné la chose en ridicule, comme si le nom de la patrie n'était pas aussi une noblesse qui obligeât ! Pour mon compte, je n'oublierai jamais de combien de sottises ce titre de Français m'a préservé. Quand la fatigue prenait le dessus, que je me trouvais en arrière du drapeau, et que les coups de fusil petillaient à l'avant-garde, j'entendais bien parfois une voix qui me disait à l'oreille : « Laisse les autres se débrouiller, et pour aujourd'hui ménage ta peau ! » Mais ce mot *Français!* grondait alors en moi, et je courais au secours de la brigade. D'autres fois, quand la faim, le froid, les blessures m'avaient agacé les nerfs, et que j'arrivais chez quelque *meinherr* maussade, il me prenait bien une démangeaison d'éreinter l'hôte et de brûler la baraque ; mais je me disais tout bas : *Français!* et ce nom-là ne pouvait rimer ni avec incendiaire, ni avec meurtrier. J'ai traversé ainsi les royaumes de l'est à l'ouest et du nord au midi, toujours occupé de ne pas faire affront au drapeau. Le lieutenant, voyez-vous, m'avait appris un mot magique : LA PA-

TRIE! Il ne s'agissait pas seulement de la défendre, il fallait l'agrandir et la faire aimer.

17 octobre. — J'ai fait aujourd'hui une longue visite chez mon voisin. Un mot prononcé au hasard a amené une nouvelle confidence.

Je lui demandais si les deux membres dont il était privé avaient été perdus à la même bataille.

— Non pas, non pas, m'a-t-il répondu : le canon ne m'avait *pris* que la jambe ; ce sont les carrières de Clamart qui m'ont *mangé* le bras.

Et, comme je lui demandais des détails :

— C'est simple comme bonjour, a-t-il continué. Après la grande débâcle de Waterloo, j'étais demeuré trois mois aux ambulances pour laisser à ma jambe de bois le temps de pousser. Une fois en mesure de réemboîter le pas, je pris congé du major et je me dirigeais sur Paris, où j'espérais trouver quelque parent, quelque ami ;

mais rien, tout était parti, ou sous terre. J'aurais été moins étranger à Vienne, à Madrid, à Berlin. Cependant, pour avoir une jambe de moins à nourrir, je n'en étais pas plus à mon aise ; l'appétit était revenu, et les derniers sous s'envolaient.

» A la vérité, j'avais rencontré mon ancien chef d'escadron, qui se rappelait que je l'avais tiré de la bagarre à Montereau en lui donnant mon cheval, et qui m'avait proposé chez lui place au feu et à la chandelle. Je savais qu'il avait épousé, l'année d'avant, un château et pas mal de fermes ; de sorte que je pouvais devenir à perpétuité brosseur d'un millionnaire, ce qui n'était pas sans douceur. Restait à savoir si je n'avais rien de mieux à faire. Un soir, je me mis à réfléchir.

» — Voyons, Chaufour, que je me dis, il s'agit de se conduire comme un homme. La place chez le commandant te convient ; mais ne peux-tu rien faire de mieux ? Tu as encore le torse en bon état et les bras solides ; est-ce que tu ne dois pas toutes tes forces à la patrie, comme disait l'oncle de Vincennes ? Pourquoi ne pas laisser quelque ancien plus démoli que toi prendre ses invalides chez le commandant ? Allons, troupier, encore quelques charges à fond puisqu'il te reste du poignet ! Faut pas se reposer avant le temps.

» Sur quoi, j'allai remercier le chef d'escadron et offrir mes services à un ancien de la batterie qui était rentré à Clamart dans son *foyer respectif*, et qui avait repris la pince de carrier.

» Pendant les premiers mois, je fis le métier de conscrit, c'est-à-dire plus de mouvements que de besogne ; mais, avec de la bonne volonté, on vient à bout des pierres comme de tout le reste, sans devenir, comme on dit, une tête de colonne, je pris mon rang, en serre-file, parmi les bons ouvriers, et je mangeais mon pain de bon appétit, vu que je le gagnais de bon cœur. C'est que, même sous le tuf, voyez-vous, j'avais gardé ma gloriole. L'idée que je travaillais, pour ma part, à changer les roches en maisons me flattait intérieurement. Je me disais tout bas :

» — Courage, Chaufour, mon vieux, tu aides à embellir ta patrie.

» Et ça me soutenait le moral.

» Malheureusement, j'avais parmi mes compagnons des citoyens un peu trop sensibles aux charmes du cognac ; si bien qu'un jour, l'un d'eux, qui voyait sa main gauche à droite, s'avisa de battre le briquet près d'une mine chargée : la mine prit feu sans dire gare, et nous envoya une mitraille de cailloux qui tua trois hommes et emporta le bras dont il ne me reste plus que la manche.

— Ainsi, vous étiez de nouveau sans état? dis-je au vieux soldat.

— C'est-à-dire qu'il fallait en changer, reprit-il tranquillement. Le difficile était d'en trouver un qui se contentât de cinq doigts au lieu de dix ; je le trouvai pourtant.

— Où cela ?

— Parmi les balayeurs de Paris

— Quoi ! vous avez fait partie... ?

— De l'escouade de salubrité ; un peu, voisin, et c'est pas mon plus mauvais temps. Le corps du balayage n'est pas si mal composé que malpropre, savez-vous ! Il y a là d'anciennes actrices qui n'ont pas su faire d'économies, des marchands ruinés à la Bourse ; nous avions même un professeur d'humanités qui, pour un petit verre, vous récitait du latin ou des tragédies, à votre choix. Tout ça n'eût pas pu concourir pour le prix Montyon ; mais la misère faisait pardonner les vices, et la gaieté consolait de la misère. J'étais aussi gueux et aussi gai, tout en tâchant de valoir un peu mieux. Même dans la fange du ruisseau, j'avais gardé mon opinion que rien ne déshonore de ce qui peut être utile au pays. « Chaufour, que je me disais en riant tout bas, après l'épée le marteau, après le marteau le balai ; tu dégringoles, mon vieux, mais tu sers toujours ta patrie. »

— Cependant, vous avez fini par quitter votre nouvelle profession ? ai-je repris.

— Pour cause de réforme, voisin ; les balayeurs ont rarement le pied sec, et l'humidité a fini par raviver les blessures de ma bonne jambe. Je ne pouvais plus suivre l'escouade ; il a fallu déposer les armes. Voilà deux mois que j'ai cessé de travailler à *l'assainissement de Paris*.

» Au premier instant, ça m'a étourdi ! De mes

quatre membres, il ne me restait plus que la main droite, encore avait-elle perdu sa force ; fallait donc lui trouver une occupation *bourgeoise*. Après avoir essayé un peu de tout, je suis tombé sur le cartonnage, et me voilà fabricant d'étuis pour les pompons de la garde nationale ; c'est une œuvre peu lucrative, mais à la portée de toutes les intelligences. En me levant à quatre heures et en travaillant jusqu'à huit, je gagne soixante-cinq centimes ; le logement et la gamelle en prennent cinquante ; reste trois sous pour les dépenses de luxe. Je suis donc plus riche que la France, puisque j'équilibre mon budget, et je continue à la servir, puisque je lui économise ses pompons.

A ces mots, le père Chaufour m'a regardé en riant, et ses grands ciseaux ont recommencé à couper le papier vert pour ses étuis.

Je suis resté attendri et tout pensif.

Encore un membre de cette phalange sacrée qui, dans le combat de la vie, marche toujours en avant pour l'exemple et le salut du monde ! Chacun de ces hardis soldats a son cri de guerre : celui-ci la patrie, celui-là la famille, cet autre l'humanité ; mais tous suivent le même drapeau, celui du devoir ; pour tous règne la même loi divine, celle du dévouement. Aimer quelque chose plus que soi-même, là est le secret de tout ce qui est grand ; savoir vivre en dehors de sa personne, là est le but de tout instinct généreux.

CHAPITRE XI

UTILITÉ MORALE DES INVENTAIRES

13 novembre, neuf heures du soir. — J'avais bien calfeutré ma fenêtre : mon petit tapis de pied était cloué à sa place ; ma lampe garnie de son abat-jour laissait filtrer une lumière adoucie, et mon poêle ronflait sourdement comme un animal domestique.

Autour de moi tout faisait silence. Au dehors seulement une pluie glacée balayait les toits et roulait avec de longues rumeurs dans les gouttières sonores. Par instants, une rafale courait sous les tuiles qui s'entre-froissaient avec un bruit de castagnettes, puis elle s'engouffrait dans le corridor désert. Alors, un petit frémissement voluptueux parcourait mes veines, je ramenais sur moi les pans de ma vieille robe de chambre ouatée, j'enfonçais sur mes yeux ma toque de velours râpé, et, me laissant glisser plus profondément dans mon fauteuil, les pieds caressés par la chaude lueur qui brillait à travers la porte du poêle, je m'abandonnais à une sensation de bien-être avivée par la conscience de la tempête qui bruissait au dehors. Mes regards, noyés dans une sorte de vapeur, erraient sur tous les détails de mon paisible intérieur ; ils allaient de mes gravures à ma bibliothèque, en glissant sur la petite causeuse de toile perse, sur les rideaux blancs de la couchette de fer, sur le casier aux cartons dépareillés, humbles archives de la mansarde ! puis, revenant au livre que je tenais à la main, ils s'efforçaient de ressaisir le fil de la lecture interrompue.

Au fait, cette lecture, qui m'avait captivé, m'était devenue pénible. J'avais fini par trouver les tableaux de l'écrivain trop sombres. Cette peinture des misères du monde me semblait exagérée; je ne pouvais croire à de tels excès d'indigence ou de douleur; ni Dieu ni la société ne devaient se montrer aussi durs pour les fils d'Adam. L'auteur avait cédé à une tentation d'artiste; il avait voulu élever l'humanité en croix, comme Néron brûlait Rome, dans l'intérêt du pittoresque.

A tout prendre, cette pauvre maison du genre humain, tant refaite, tant critiquée, était encore un assez bon logement: on y trouvait de quoi satisfaire ses besoins, pourvu qu'on sût les borner; le bonheur du sage coûtait peu et ne demandait qu'une petite place!...

Ces réflexions consolantes devenaient de plus en plus confuses... Enfin mon livre glissa à terre sans que j'eusse le courage de me baisser pour le reprendre, et, insensiblement gagné par le bien-être du silence, de la demi-obscurité et de la chaleur, je m'endormis.

Je demeurai quelque temps plongé dans cette espèce d'évanouissement du premier sommeil, enfin quelques sensations vagues et interrompues le traversèrent. Il me sembla que le jour s'obscurcissait... que l'air devenait plus froid... J'entrevoyais des buissons couverts de ces baies écarlates qui annoncent l'hiver... Je marchais sur une route sans abri, bordée çà et là de genévriers blanchis par le givre... Puis la scène changeait brusquement... J'étais en diligence... la bise ébranlait les vitres des portières ; les arbres chargés de neige passaient comme des fantômes : j'enfonçais vainement dans la paille broyée mes pieds engourdis... Enfin la voiture s'arrêtait, et, par un de ces coups de théâtre familiers au sommeil, je me trouvais seul dans un grenier sans cheminée, ouvert à tous les vents. Je revoyais le doux visage de ma mère, à peine aperçu dans ma première enfance, la noble et austère figure de mon père, la petite tête blonde de ma sœur enlevée à dix ans ; toute la famille morte revivait autour de moi ; elle était là, exposée aux morsures du froid et aux angoisses de la faim. Ma mère priait près du vieillard résigné, et ma sœur, roulée sur quelques lambeaux dont on lui avait fait un lit, pleurait tout bas en tenant ses pieds nus dans ses petites mains bleuies.

C'était une page du livre que je venais de lire, transportée dans ma propre existence.

J'avais le cœur oppressé d'une inexprimable angoisse. Accroupi dans un coin, les yeux fixés

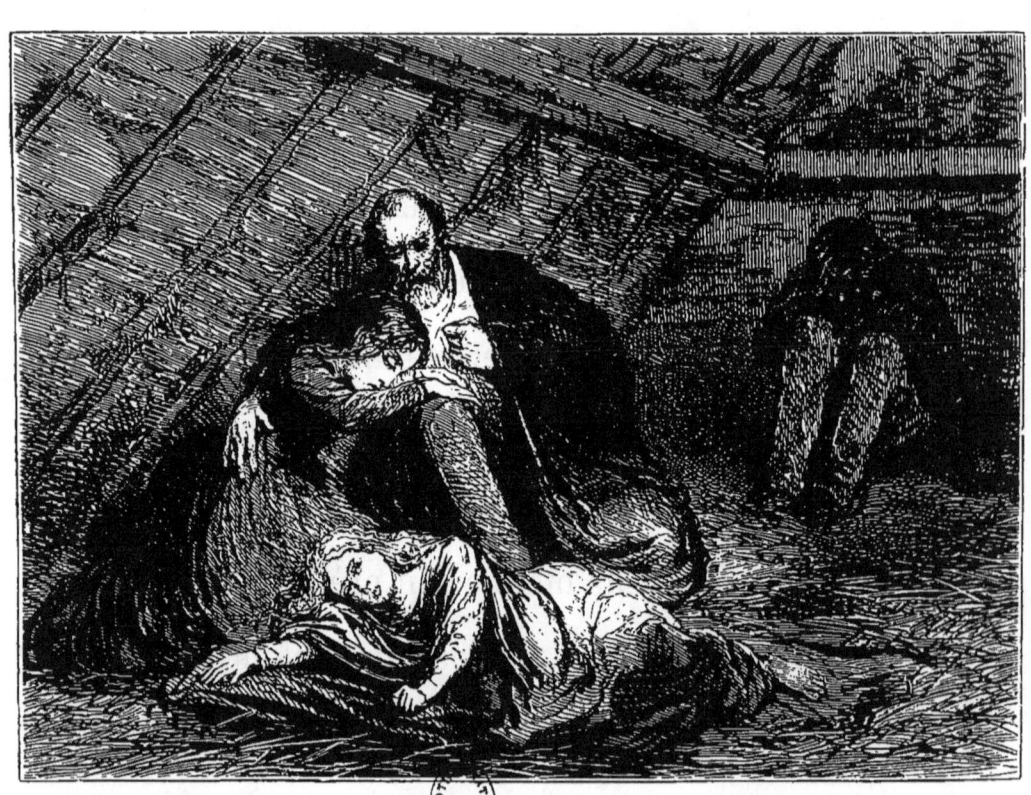

Toute la famille était là, exposée aux morsures du froid et aux angoisses de la faim.

sur ce lugubre tableau, je sentais le froid me gagner lentement, et je me disais avec un attendrissement amer :

— Mourons, puisque la misère est un cachot gardé par les soupçons, l'insensibilité, le mépris, et d'où l'on tenterait en vain de s'échapper ; mourons, puisqu'il n'y a point pour nous de place au banquet des vivants !

Et je voulus me lever pour rejoindre ma mère et attendre l'heure suprême à ses pieds...

Cet effort a dissipé le rêve ; je me suis éveillé en sursaut.

J'ai regardé autour de moi : ma lampe était mourante, mon poêle refroidi, et ma porte entr'ouverte laissait entrer une bise glacée. Je me suis levé, en frissonnant, pour la refermer à double tour ; puis, gagnant l'alcôve, je me suis couché à la hâte.

Mais le froid m'a tenu longtemps éveillé !

et ma pensée a continué le rêve interrompu.

Les tableaux que j'accusais tout à l'heure d'exagération ne me semblent maintenant qu'une trop fidèle peinture de la réalité ; je me suis endormi sans pouvoir reprendre mon optimisme... ni me réchauffer.

Ainsi un poêle éteint et une porte mal close ont changé mon point de vue. Tout était bien quand mon sang circulait à l'aise, tout devient triste parce que le froid m'a saisi !

Ceci rappelle l'anecdote de la duchesse obligée de se rendre au couvent voisin par un jour d'hiver. Le couvent était pauvre, le bois manquait, et les moines n'avaient, pour combattre le froid, que la discipline et l'ardeur des prières. La duchesse, qui grelottait, revint touchée d'une profonde compassion pour les pauvres religieux. Pendant qu'on la débarrasse de sa pelisse et qu'on ajoute deux bûches au feu de sa cheminée, elle mande son intendant, auquel elle ordonne d'envoyer, sur-le-champ, du bois au couvent. Elle fait ensuite rouler sa chaise longue près du foyer, dont la chaleur ne tarde pas à la ranimer. Déjà le souvenir de ce qu'elle vient de souffrir s'est éteint dans le bien-être ; l'intendant rentre, et demande combien de chariots de bois il doit faire transporter.

— Mon Dieu ! vous pouvez attendre, dit nonchalamment la grande dame ; le temps s'est beaucoup radouci.

Ainsi l'homme, dans ses jugements, consulte moins la logique que la sensation ; et, comme la sensation lui vient du monde extérieur, il se trouve plus ou moins sous son influence, il y puise, peu à peu, une partie de ses habitudes et de ses sentiments.

Ce n'est donc point sans motif que, lorsqu'il s'agit de préjuger un inconnu, nous cherchons dans ce qui l'entoure des révélations de son caractère. Le milieu dans lequel nous vivons se modèle forcément à notre image ; nous y laissons sans y penser mille empreintes de notre âme. De même que la couche vide permet de deviner la taille et l'attitude de celui qui y a dormi, la demeure de chaque homme peut trahir, aux yeux d'un observateur habile, la portée de son intelligence et les mouvements de son cœur. Bernardin de Saint-Pierre a raconté l'histoire d'une jeune fille qui refusa un prétendu, parce qu'il n'avait jamais voulu souffrir chez lui ni fleurs, ni animaux domestiques ; l'arrêt était sévère peut-être, mais non sans fondement. On pouvait présumer que l'homme insensible à la grâce et à l'humble affection, serait mal préparé à sentir les jouissances d'une union choisie.

14, *sept heures du soir*. — Ce matin, comme j'allais reprendre la rédaction de mon mémorial, j'ai reçu la visite de notre vieux caissier.

Sa vue baisse, sa main commence à trembler, et le travail auquel il suffisait autrefois lui est devenu plus difficile. Je me suis chargé d'une partie de ses écritures ; il venait chercher ce que j'avais achevé.

Nous avons causé longuement près du poêle, en prenant une tasse de café que je l'ai forcé d'accepter.

M. Rateau est un homme de sens, qui a beaucoup observé et qui parle peu, ce qui fait qu'il a toujours quelque chose à dire.

En parcourant les *états* que j'avais dressés pour lui, ses regards sont tombés sur mon mémorial, et il a bien fallu lui avouer que j'écrivais ainsi chaque soir, pour moi seul, le journal de mes actes et de mes pensées. De proche en proche, j'en suis venu à lui parler de mon rêve de l'autre jour et de mes réflexions à propos de l'influence des objets visibles sur nos sentiments habituels ; il s'est mis à sourire.

— Ah ! vous avez aussi mes *superstitions*, a-t-il dit doucement. J'ai toujours cru, comme vous, que *le gîte faisait connaître le gibier* ; il faut seulement pour cela un tact et une expérience sans lesquels on s'expose à bien des jugements téméraires. Pour ma part, je m'en suis rendu coupable en plus d'une occasion ; mais quelquefois aussi j'ai bien préjugé. Je me rappelle surtout une rencontre qui remonte aux premières années de ma jeunesse...

Il s'était arrêté ; je le regardai d'un air qui lui prouva que j'attendais une histoire, et il me la raconta sans difficulté.

A cette époque, il n'était encore que troisième clerc chez un notaire d'Orléans. Le patron l'avait envoyé à Montargis pour différentes affaires, et il devait y reprendre la diligence le soir même, après avoir fait un recouvrement dans un bourg voisin ; mais, arrivé chez le débiteur, on le fit attendre, et, lorsqu'il put partir, le jour était déjà tombé.

Craignant de ne pouvoir regagner assez tôt Montargis, il prit une route de traverse qu'on lui indiqua. Par malheur, la brume s'épaississait de plus en plus, aucune étoile ne brillait dans le ciel ; l'obscurité devint si profonde, qu'il perdit son chemin. Il voulut retourner sur ses pas, croisa vingt sentiers, et se trouva enfin complétement égaré.

Après la contrariété de manquer le passage de la diligence, vint l'inquiétude sur sa situation. Il était seul, à pied, perdu dans une forêt, sans aucun moyen de retrouver sa direction, et porteur d'une somme assez forte dont il avait accepté la responsabilité. Son inexpérience augmentait ses angoisses. L'idée de forêt était liée, dans son souvenir à tant d'aventures de vol et d'assassinat, qu'il s'attendait, d'instant en instant, à quelque funeste rencontre.

La position, à vrai dire, n'était point rassurante. Le lieu ne passait point pour sûr, et l'on parlait, depuis longtemps, de plusieurs maquignons subitement disparus, sans qu'on eût toutefois trouvé aucune trace de crime.

Notre jeune voyageur, le regard plongé dans l'espace et l'oreille au guet, suivait un sentier qu'il supposait devoir le conduire à quelque maison ou à quelque route ; mais les bois succédaient toujours aux bois. Enfin, il distingua une lueur éloignée, et, au bout d'un quart d'heure, il atteignit un chemin de grande communication.

Une maison isolée (celle dont la lumière l'avait attiré) se dressait à peu de distance. Il se dirigeait vers la grande porte de la cour, lorsque le trot d'un cheval lui fit retourner la tête. Un cavalier venait de paraître au tournant de la route et fut en un instant près de lui.

Les premiers mots qu'il adressa au jeune homme lui firent comprendre que c'était le fermier lui-même. Il raconta comment il s'était égaré, et apprit du paysan qu'il suivait la route de Pithiviers. Montargis se trouvait à trois lieues derrière lui.

Le brouillard s'était insensiblement transformé en une bruine qui commençait à transpercer le jeune clerc; il parut s'effrayer de la distance qui lui restait à parcourir, et le cavalier, qui vit son hésitation, lui proposa d'entrer à la ferme.

Celle-ci avait un faux air de forteresse. Enveloppée d'un mur de clôture assez élevé, elle ne se laissait apercevoir qu'à travers les barreaux d'une grande porte à claire-voie soigneusement fermée. Le paysan, qui était descendu de cheval, ne s'en approcha point; tournant à droite, il gagna une autre entrée également close, mais dont il avait la clef.

A peine eut-il franchi le seuil, que des aboiements terribles retentirent aux deux extrémités de la cour. Le fermier avertit son hôte de ne rien craindre, et lui montra les chiens enchaînés dans leurs niches ; tous deux étaient d'une grandeur extraordinaire, et tellement féroces, que la vue du maître lui-même ne put les apaiser.

A leurs cris, un garçon sortit de la maison et vint prendre le cheval du fermier. Celui-ci l'interrogea sur les ordres donnés avant son départ, et se dirigea vers les étables, afin de s'assurer s'ils avaient été exécutés.

Resté seul, notre clerc regarda autour de lui.

Une lanterne posée à terre par le garçon éclairait la cour d'une pâle lueur. Tout lui parut vide et désert. On ne voyait aucune trace de ce désordre champêtre indiquant la suspension momentanée d'un travail qui doit être bientôt repris; ni charrette oubliée là où les chevaux avaient été dételés, ni gerbes entassées en attendant la *batterie,* ni charrue renversée dans un coin, et à demi enfouie sous la luzerne fraîchement coupée. La cour était balayée, les granges fermées au cadenas. Pas une vigne grimpant le long des murs ; partout la pierre, le bois et le fer.

Il releva la lanterne et s'avança jusqu'à l'angle de la maison. Derrière s'étendait une seconde cour où les hurlements d'un troisième chien se firent entendre ; au milieu se dressait un puits recouvert.

Notre voyageur chercha vainement ce petit jardin des fermes, où rampent les potirons bariolés, et où quelques ruches bourdonnent sous les haies d'églantiers et de sureaux. La verdure et les fleurs étaient partout absentes. Il n'aperçut même aucune trace de basse-cour ni de pigeonnier. L'habitation de son hôte manquait de tout ce qui fait la grâce, le mouvement et la gaieté de la vie des champs.

Le jeune homme pensa que, pour donner si peu aux agréments domestiques et au charme des yeux, son hôte devait être bien indifférent, ou bien calculateur, et, jugeant, malgré lui, par ce qu'il voyait, il se sentit en défiance de son caractère.

Cependant, le fermier revint des étables et le fit entrer au logis.

L'intérieur de la ferme répondait à son extérieur. Les murs blanchis n'avaient d'autre ornement qu'une rangée de fusils de toutes dimensions ; les meubles massifs ne rachetaient qu'imparfaitement leur apparence grossière par l'exagération de la solidité. Une propreté douteuse et l'absence de toutes les commodités de détail prouvaient que les soins d'une femme manquaient au ménage. Le jeune clerc apprit qu'en effet le fermier vivait seul avec ses deux fils.

Des signes trop certains l'indiquaient, du reste. Un couvert que nul ne se donnait la peine de desservir était dressé à demeure près de la fenêtre. Les assiettes et les plats y étaient dispersés sans ordre, chargés de pelures de pommes de terre et d'os à demi rongés. Plusieurs bouteilles vides exhalaient une odeur d'eau-de-vie mêlée à l'âcre senteur de la fumée de tabac.

Après avoir fait asseoir son hôte, le fermier avait allumé sa pipe, et ses deux fils avaient repris leur travail devant le foyer. Le silence était à peine interrompu, de loin en loin, par une brève remarque à laquelle il était répliqué par un mot ou une exclamation ; puis tout redevenait muet comme auparavant.

— Dès mon enfance, me dit le vieux caissier, j'avais été très-sensible à l'impression des objets extérieurs ; plus tard, la réflexion m'avait appris à étudier les causes de cette impression plutôt qu'à la repousser. Je me mis donc à examiner beaucoup plus attentivement tout ce qui m'entourait.

» Au-dessous des fusils que j'avais remarqués dès l'entrée, étaient suspendus des piéges à loup ; à l'un d'eux pendaient encore les lambeaux d'une patte broyée qu'on n'avait point arrachée aux dents de fer. Le manteau fumeux de la cheminée était orné d'une chouette et d'un corbeau cloués au mur, les ailes étendues et la gorge traversée d'un énorme clou ; une peau de renard, récemment écorché, s'étalait devant la fenêtre, et un croc de garde-manger, fixé à la principale poutre, laissait voir une oie décapitée dont le cadavre tournoyait au-dessus de nos têtes.

» Mes yeux, blessés de tous ces détails, se reportèrent alors sur mes hôtes. Le père, assis vis-à-vis de moi, ne s'interrompait de fumer que pour se verser à boire ou pour adresser à ses fils une réprimande. L'aîné de ceux-ci grattait une longue baille dont les raclures sanglantes jetées dans le feu nous enveloppaient par instants d'une odeur fétidement douceâtre ; le second aiguisait des couteaux de boucher. Un mot prononcé par le père m'apprit que l'on se préparait à tuer un porc le lendemain.

» Il y avait dans ces occupations et dans tout l'aspect de cet intérieur je ne sais quelle brutalité d'habitudes qui semblait expliquer l'aride tristesse de l'extérieur et la compléter. Mon étonnement s'était peu à peu transformé en dégoût, et mon dégoût en malaise. Je ne puis détailler toutes les alliances d'images qui se succédèrent dans mon imagination ; mais, cédant à une invincible répulsion, je me levai en déclarant que j'allais me remettre en route.

» Le fermier fit quelques efforts pour me retenir : il parla de la pluie, de l'obscurité, de la longueur du chemin ; je répondis à tout par l'absolue nécessité d'arriver à Montargis cette nuit même, et, le remerciant de sa courte hospitalité, je repartis avec un empressement qui dut lui confirmer la vérité de mes paroles.

» Cependant, la fraîcheur de la nuit et le mouvement de la marche ne tardèrent pas à changer la direction de mes idées. Éloigné des objets qui avaient éveillé chez moi une si vive répugnance, je sentis celle-ci se dissiper peu à peu. Je commençai par sourire de ma promptitude d'impression ; puis, à mesure que la pluie devenait plus abondante et plus froide, mon ironie se changeait en mauvaise humeur. J'accusais, tout bas, la manie de prendre ses sensations pour des avertissements. Le fermier et ses fils n'étaient-ils pas libres, après tout, de vivre seuls, de chasser, d'avoir des chiens et de tuer un pourceau ? où était le crime ? Avec moins de susceptibilité nerveuse, j'aurais accepté l'abri qu'ils m'offraient, et je dormirais chaudement, à cette heure, sur quelques bottes de paille, au lieu de cheminer péniblement sous la bruine. Je continuai ainsi à me gourmander moi-même jusqu'à Montargis, où j'arrivai vers le matin, rompu et transi.

» Cependant, lorsqu'au milieu du jour je me levai reposé, j'étais instinctivement revenu à mon premier jugement. L'aspect de la ferme se représentait à moi sous les couleurs repoussantes qui, la veille, m'avaient déterminé à fuir.

J'avais beau soumettre mes impressions au raisonnement, celui-ci finissait, lui-même, par se taire, devant cet ensemble de détails sauvages, et était forcé d'y reconnaître l'expression d'une nature inférieure ou les éléments d'une funeste influence.

» Je repartis le jour même, sans avoir pu rien apprendre sur le paysan, ni sur ses fils, mais le souvenir de la ferme resta profondément gravé dans ma mémoire.

» Dix années plus tard, je traversais en diligence le département du Loiret. Penché à une des portières, je regardais des taillis nouvellement soumis à la culture, dont un de mes compagnons de voyage m'expliquait le défrichement, lorsque mon œil s'arrêta sur un mur d'enceinte percé d'une porte à claire-voie. Au fond s'élevait une maison dont tous les volets étaient clos et que je reconnus sur-le-champ; c'était la ferme où j'avais été reçu. Je la montrai vivement à mon compagnon, en lui demandant qui l'habitait.

» — Personne pour le moment, me répondit-il.

» — Mais n'a-t-elle point été tenue, il y a quelques années, par un homme et ses deux fils?

» — Les Turreau, dit mon compagnon de route en me regardant ; vous les avez connus?

» — Je les ai vus une seule fois.

» Il hocha la tête.

» — Oui, oui, reprit-il ; pendant bien des années, ils ont vécu là comme des loups dans leur tanière ; ça ne savait que travailler la terre, tuer le gibier et boire. Le père menait la maison ; mais des hommes tout seuls, sans femmes pour les aimer, sans enfants pour les adoucir, sans Dieu pour les faire penser au ciel, ça tourne toujours à la bête féroce, voyez-vous ; si bien qu'un matin, après avoir bu trop d'eau-de-vie, il paraît que l'aîné n'a pas voulu atteler la charrue ; le père l'a frappé de son fouet, et le fils, qui était fou d'ivresse, l'a tué d'un coup de fusil.

Le 16 au soir. — L'histoire du vieux caissier m'a préoccupé tous ces jours-ci ; elle est venue s'ajouter aux réflexions que m'avait inspirées mon rêve.

N'ai-je point à tirer de tout ceci un sérieux enseignement ?

Si nos sensations ont une incontestable influence sur nos jugements, d'où vient que nous prenons si peu de souci des choses qui éveillent ou modifient ces sensations ? Le monde extérieur se reflète perpétuellement en nous comme dans un miroir et nous remplit d'images qui deviennent, à notre insu, des germes d'opinion ou des règles de conduite. Tous les objets qui nous entourent sont donc, en réalité, autant de talismans d'où s'exhalent de bonnes et de funestes influences. C'est à notre sagesse de les choisir pour créer à notre âme une salubre atmosphère.

Convaincu de cette vérité, je me suis mis à faire une revue de ma mansarde.

Le premier objet sur lequel mes yeux se sont arrêtés est un vieux cartulaire provenant de la plus célèbre abbaye de ma province. Déroulé avec complaisance, il occupe le panneau le plus apparent. D'où vient que je lui ai donné cette place? Pour moi, qui ne suis ni un antiquaire, ni un érudit, cette feuille de parchemin rongée de mites devrait-elle avoir tant de prix? ne me serait-elle point devenue précieuse à cause d'un des abbés fondateurs, qui porte mon nom, et n'aurais-je point, par hasard, la prétention de m'en faire, aux yeux des visiteurs, un arbre généalogique? En écrivant ceci, je sens que j'ai rougi. Allons, à bas le cartulaire!

reléguons-le dans mon tiroir le plus profond.

En passant devant ma glace, j'ai aperçu plusieurs cartes de visite complaisamment étalées le long de l'encadrement. Par quel hasard n'y a-t-il là que des noms qui peuvent faire figure ?... Voici un comte polonais..., un colonel retraité..., le député de mon département... Vite, vite, au feu ces témoignages de vanité ! et mettons à la place cette carte écrite à la main par notre garçon de bureau, cette adresse de dîners économiques, et le reçu du revendeur auquel j'ai acheté mon dernier fauteuil. Ces indications de ma pauvreté sauront, comme le dit Montaigne, *mater ma superbe*, et me rappelleront sans cesse à la modestie qui fait la dignité des petits.

Je me suis arrêté devant les gravures accrochées au mur. Cette grosse Pomone qui rit assise sur des gerbes, et dont la corbeille ruisselle de fruits, ne fait naître que des idées de joie et d'abondance; je la regardais l'autre jour, lorsque je me suis endormi en niant la misère ; donnons-lui pour pendant ce tableau de l'hiver, où tout exprime la tristesse et la souffrance : l'une des impressions tempérera l'autre.

Et cette *Heureuse Famille* de Greuze ! Quelle gaieté dans les yeux des enfants ! que de douce sérénité sur le front de la jeune femme ! quel attendrissement religieux dans les traits du grand-père ! Que Dieu leur conserve la joie ! mais suspendons à côté le tableau de cette mère qui pleure sur un berceau vide. La vie humaine a deux faces qu'il faut oser regarder tour à tour.

Cachons aussi ces magots ridicules qui garnissent ma cheminée. Platon a dit que *le beau n'était autre chose que la forme visible du bon.* S'il en est ainsi, le laid doit être la forme visible du mal ; l'âme se déprave insensiblement à le contempler.

Mais surtout, pour entretenir en moi les instincts de tendresse et de pitié, suspendons au chevet de notre lit cette touchante image du *dernier sommeil!*

Jamais je n'ai pu y arrêter mes regards sans me sentir le cœur remué.

Une femme, déjà vieille et vêtue de haillons, s'est accroupie aux bords d'un chemin ; son bâton est à ses pieds, sa tête repose sur la pierre ; elle s'est endormie les mains jointes en murmurant une prière apprise dans son enfance, endormie de son dernier sommeil, et elle fait son dernier rêve.

Elle se voit toute petite, forte et joyeuse enfant qui garde les troupeaux dans les friches, qui cueille les mûres des haies, qui chante, salue les passants et fait le signe de la croix quand paraît au ciel la première étoile. Heureuse époque, pleine de parfums et de rayonnements !

Sa tête repose sur une pierre.

rien ne lui manque encore, car elle ignore ce qu'on peut désirer.

Mais la voilà grande ; l'heure des travaux courageux est venue ; il faut couper les foins, battre le blé, apporter à la ferme les fardeaux de trèfle en fleur ou de ramées flétries. Si la fatigue est grande, l'espérance brille sur tout comme un soleil ; elle essuie les gouttes de sueur. La jeune fille voit déjà que la vie est une tâche ; mais elle l'accomplit encore en chantant.

Plus tard, le fardeau s'est alourdi ; elle est femme, elle est mère ! il faut économiser le pain du jour, avoir l'œil sur le lendemain, soigner les malades, soutenir les faibles, jouer, enfin, ce rôle de providence si doux quand Dieu vous aide, si cruel quand il vous abandonne. La femme est toujours forte ; mais elle est inquiète ; elle ne chante plus !

Encore quelques années et tout s'est assombri. La vigueur du chef de famille s'est brisée ; sa femme le voit languir devant le foyer éteint ; le froid et la faim achèvent ce que la maladie avait commencé ; il meurt, et, près du cercueil fourni par la charité, la veuve s'assoit à terre, pressant dans ses bras deux petits enfants demi-nus. Elle a peur de l'avenir, elle pleure et elle baisse la tête.

Enfin, l'avenir est venu ; les enfants ont grandi, mais ne sont plus là. Le fils combat l'ennemi sous les drapeaux, et sa sœur est partie. Tous deux sont perdus pour bien longtemps ; pour toujours peut-être ; et la forte jeune fille, la vaillante femme, la courageuse mère n'est désormais qu'une vieille mendiante sans famille et sans abri ! elle ne pleure plus, la douleur l'a domptée ; elle se résigne et attend la mort.

La mort, amie fidèle des misérables ! elle est arrivée, non pas horrible et railleuse, comme la superstition nous la représente, mais belle, souriante, couronnée d'étoiles. Le doux fantôme s'est baissé vers la mendiante; ses lèvres pâles ont murmuré de vagues paroles qui lui annoncent la fin de ses fatigues, une joie sereine, et la vieille mendiante, appuyée sur l'épaule de la grande libératrice, vient de passer, sans s'en apercevoir, de son dernier sommeil au sommeil sans fin.

Reste là, pauvre femme brisée! les feuilles des bois te serviront de linceul, la nuit répandra sur toi ses larmes de rosée, et les oiseaux chanteront doucement près de tes dépouilles. Ton apparition ici-bas n'aura pas laissé plus de traces que leur vol dans les airs; ton nom y est déjà oublié, et le seul héritage que tu puisses transmettre est ce bâton d'épine oublié à tes pieds.

Eh bien, quelqu'un le relèvera, quelque

soldat de cette grande armée humaine dispersée par la misère ou le vice ; car tu n'es pas une exception, tu es un exemple, et, sous le soleil qui luit si doucement pour tous, au milieu de ces vignobles en fleur, de ces blés mûrs, de ces villes opulentes, des générations entières souffrent et se succèdent, en se léguant le bâton du mendiant !...

La vue de cette douloureuse figure me rendra plus reconnaissant pour ce que Dieu m'a donné, plus compatissant pour ceux qu'il a traités avec moins de douceur ; ce sera un enseignement et un sujet de réflexions...

Ah ! si nous voulions veiller à tout ce qui peut nous améliorer, nous instruire ; si notre intérieur était disposé de manière à devenir une perpétuelle école pour notre âme ! mais le plus souvent, nous n'y prenons pas garde. L'homme est un éternel mystère pour lui-même ; sa propre personne est une maison où il n'entre jamais et dont il n'étudie que les dehors. Chacun de nous aurait besoin de retrouver sans cesse devant lui la fameuse inscription qui éclaira autrefois Socrate, et qu'une main inconnue avait gravée sur les murs de Delphes :

Connais-toi toi-même.

CHAPITRE XII

LA FIN D'UNE ANNÉE

Le 30 décembre au soir. — J'étais au lit, à peine délivré de cette fièvre délirante qui m'a tenu si longtemps entre la vie et la mort. Mon cerveau affaibli faisait effort pour reprendre son activité ; la pensée se produisait encore incomplète et confuse, comme un jet lumineux qui perce les nuages ; je sentais par instants des retours de vertige qui brouillaient toutes mes perceptions ; je flottais, pour ainsi dire, entre des alternatives d'égarement et de raison.

Quelquefois, tout m'apparaissait clairement, comme ces perspectives qui s'ouvrent devant nous par un temps serein, du haut de quelque montagne élevée. Nous distinguons les eaux, les bois, les villages, les troupeaux, jusqu'au chalet posé aux bords du ravin ; puis, subitement, une rafale chargée de brumes arrive, et tout se confond.

Ainsi livré aux oscillations d'une lucidité mal reconquise, je laissais mon esprit en suivre tous les mouvements sans vouloir distinguer la réalité de la vision ; il glissait doucement de l'une à l'autre ; la veille et le rêve se suivaient de plain-pied.

Or, tandis que j'errais dans cette incertitude, voici que, devant moi, au-dessous de la pendule dont le pouls sonore mesure les heures, une femme m'est apparue !

Le premier regard suffisait pour faire comprendre que ce n'était point là une fille d'Ève. Son œil avait l'éclat mourant d'un astre qui s'éteint, et son visage la pâleur d'une sublime agonie. Revêtue de draperies de mille couleurs où se jouaient les teintes les plus joyeuses et les plus sombres, elle tenait à la main une couronne effeuillée.

Après l'avoir contemplée quelques instants, je lui ai demandé son nom et ce qu'elle faisait dans ma mansarde. Ses yeux, qui suivaient l'aiguille de la pendule, se sont tournés de mon côté, et elle a répondu :

— Tu vois en moi l'année qui va finir ; je viens recevoir tes remercîments et tes adieux.

Je me suis dressé sur mon coude avec une surprise qui a bientôt fait place à un amer ressentiment.

— Ah ! tu veux être remerciée, me suis-je

Tu vois en moi l'année qui va finir.

écrié ; mais voyons, pour cela, ce que tu m'as apporté ?

» Quand j'ai salué ta venue, j'étais encore jeune et vigoureux ; tu m'as retiré, chaque jour, quelque peu de mes forces, et tu as fini par m'envoyer la maladie. Déjà, grâce à toi, mon sang est moins chaud, mes muscles sont moins fermes, mes pieds moins prompts. Tu as déposé dans mon sein tous les germes des infirmités ; là où croissaient les fleurs de l'été de la vie, tu as méchamment semé les orties de vieillesse.

» Et, comme si ce n'était pas assez d'avoir affaibli mon corps, tu as aussi amoindri mon âme : tu as éteint en elle les enthousiasmes ; elle est devenue plus paresseuse et plus craintive. Autrefois, ses regards embrassaient généreusement l'humanité entière, tu l'as rendue myope et elle voit maintenant à peine au delà d'elle-même.

» Voilà ce que tu as fait de mon être. Quant à

ma vie, regarde à quelle tristesse, à quel abandon, à quelles misères tu l'as réduite !

Depuis tant de jours que la fièvre me retient cloué sur ce lit, qui a pris soin de cet intérieur où je mettais ma joie ? Ne vais-je point trouver mes armoires vides, ma bibliothèque dégarnie, toutes mes pauvres richesses perdues par la négligence ou l'infidélité ? Où sont les plantes que je cultivais, les oiseaux que j'avais nourris ? Tout a disparu ! ma mansarde est défleurie, muette, solitaire !

Revenu seulement depuis quelques instants à la conscience de ce qui m'entoure, j'ignore même qui m'a veillé pendant ces longues souffrances. Sans doute quelque mercenaire, reparti quand mes ressources auront été épuisées.

Et qu'auront dit de mon absence les maîtres auxquels je devais mon travail ? A ce moment de l'année où les affaires sont plus pressantes, auront-ils pu se passer de moi, l'auront-ils voulu ? Peut-être suis-je déjà remplacé à ce petit bureau où je gagnais le pain terrestre. Et c'est toi, toi seule, méchante fille du temps, qui m'auras apporté tous ces désastres : force, santé, aisance, travail, tu m'as tout enlevé ; je n'ai reçu de toi qu'insultes ou dommages, et tu oses encore réclamer ma reconnaissance !

» Ah ! meurs, puisque ton jour est venu ; mais meurs méprisée et maudite ; et puissé-je écrire sur ta tombe l'épitaphe que le poëte arabe grava sur celle d'un roi :

» *Passant, réjouis-toi ; celui que nous avons enterré ici ne peut plus revivre.*

. . . .

Je viens d'être réveillé par une main qui prenait la mienne ; et, en ouvrant les yeux, j'ai reconnu le médecin.

Après avoir compté les pulsations du pouls, il

a hoché la tête, s'est assis au pied du lit et m'a regardé en se grattant le nez avec sa tabatière.

J'ai su depuis que c'était un signe de satisfaction chez le docteur.

— Eh bien, nous avons donc voulu nous faire enlever par la camarde? m'a dit M. Lambert, de son ton moitié jovial, moitié grondant. Peste! comme on y allait de bon cœur! Il a fallu vous retenir à deux bras, au moins.

— Ainsi, vous avez désespéré de moi, docteur? ai-je demandé un peu saisi.

— Du tout, a répondu le vieux médecin; pour désespérer quelquefois, il faudrait avoir habituellement de l'espoir, et je n'en ai jamais. Nous ne sommes que les instruments de la Providence, et chacun de nous devrait dire comme Ambroise Paré : « Je le pansai, Dieu le guérit. »

— Qu'il soit donc béni, ainsi que vous, me

suis-je écrié, et puisse la santé me revenir avec la noûvelle année !

M. Lambert a haussé les épaules.

— Commencez par vous la demander à vous-même, a-t-il repris brusquement : Dieu vous la rend, c'est à votre sagesse et non au temps de la conserver. Ne dirait-on pas que les infirmités nous viennent comme une pluie ou comme un rayon de soleil, sans que nous y soyons pour quelque chose ! Avant de se plaindre d'être malade, il faudrait prouver qu'on a mérité de se bien porter.

J'ai voulu sourire, mais le docteur s'est fâché.

— Ah ! vous croyez que je plaisante, a-t-il repris en élevant la voix ; mais dites-moi un peu qui de nous donne à sa santé l'attention qu'il donne à sa fortune ? Économisez-vous vos forces comme vous économisez votre argent ? évitez-vous les excès ou les imprudences avec le même soin que les folles dépenses ou les mauvais placements? avez-vous une comptabilité ouverte pour votre tempérament comme pour votre industrie? cherchez-vous chaque soir ce qui a pu vous être salutaire ou malfaisant, avec la prudence que vous apportez à l'examen de vos affaires? Vous-même, qui riez, n'avez-vous pas provoqué le mal par mille extravagances?

J'ai voulu protester en demandant l'indication de ces extravagances; le vieux médecin a écarté tous ses doigts, et s'est mis à les compter l'un après l'autre.

— *Primo*, s'est-il écrié. Manque d'exercice. vous vivez ici comme le rat dans son fromage, sans air, sans mouvement, sans distraction. Par suite, le sang circule mal, les humeurs s'épaississent, les muscles inactifs ne réclament plus leur part de nutrition; l'estomac s'alanguit et le cerveau se fatigue.

» *Secundo*. Nourriture irrégulière. Le caprice est votre cuisinier, l'estomac un esclave qui doit accepter ce qu'on lui donne, mais qui se venge sournoisement, comme tous les esclaves.

» *Tertio*. Veilles prolongées. Au lieu d'employer la nuit au sommeil, vous la dépensez en lectures ; votre alcôve est une bibliothèque, votre oreiller un pupitre. A l'heure où le cerveau fatigué demande du repos, vous le conduisez à une orgie, et vous vous étonnez de le trouver endolori le lendemain.

» *Quarto*. La mollesse des habitudes. Enfermé dans votre mansarde, vous vous êtes insensiblement entouré de mille précautions douillettes. Il a fallu des bourrelets pour votre porte, un paravent pour votre fenêtre, des tapis pour vos pieds, un fauteuil ouaté de laine pour vos épaules, un poêle allumé au premier froid, une lampe à lumière adoucie, et, grâce à toutes ces précautions, le moindre vent vous enrhume, les siéges ordinaires vous exposent à des courbatures, et il vous faut des lunettes pour supporter la lumière du jour. Vous avez cru conquérir des jouissances, et vous n'avez fait que contracter des infirmités.

» *Quinto...*

— Ah! de grâce, docteur, assez! me suis-je écrié. Ne poussez pas plus loin l'examen; n'attachez pas à chacun de mes goûts un remords.

Le vieux médecin s'est gratté le nez avec sa tabatière.

— Vous voyez, a-t-il dit plus doucement en se levant, vous fuyez la vérité, vous reculez devant l'enquête; preuve que vous êtes coupable : *Habemus confitentem reum !* Mais au moins, mon cher, n'accusez plus les quatre saisons, à l'exemple des portières.

Là-dessus, il m'a encore tâté le pouls, et il est

parti, en déclarant que son ministère était fini, et que le reste me regardait.

Le docteur sorti, je me suis mis à réfléchir.

Pour être trop absolue, son idée n'en a pas moins un fonds de justesse. Combien de fois nous attribuons au hasard le mal, dont il faudrait chercher l'origine en nous-mêmes ! Peut-être eût-il été sage de le laisser achever l'examen commencé.

Mais n'en est-il pas un autre encore plus important, celui qui intéresse la santé de l'âme ? suis-je bien sûr de n'avoir rien négligé pour la préserver pendant l'année qui va finir ? Soldat de Dieu parmi les hommes, ai-je bien conservé mon courage et mes armes ? Serai-je prêt pour cette grande revue des morts que doit passer *Celui qui est* dans la sombre vallée de Josaphat ?

Ose te regarder toi-même, ô mon âme ! et cherche combien de fois tu as failli.

D'abord, tu as failli par orgueil! Car je n'ai pas recherché les simples. Trop abreuvé des vins enivrants du génie, je n'ai plus trouvé de saveur à l'eau courante. J'ai dédaigné les paroles qui n'avaient d'autre grâce que leur sincérité ; j'ai cessé d'aimer les hommes, seulement parce que c'étaient des hommes, je les ai aimés pour leur supériorité ; j'ai resserré le monde dans les étroites limites d'un panthéon, et ma sympathie n'a pu être éveillée que par l'admiration. Cette foule vulgaire que j'aurais dû suivre d'un œil ami, puisqu'elle est composée de frères en espérances et en douleurs, je l'ai laissée passer avec indifférence, comme un troupeau. Je m'indigne de voir celui qu'enivre son or mépriser l'homme pauvre des biens terrestres, et moi, vain de ma science futile, je méprise le pauvre d'esprit. J'insulte à l'indigence de la pensée comme d'autres à celle de l'habit ; je m'enorgueillis d'un don et je me fais une arme offensive d'un bonheur.

Ah! si, aux plus mauvais jours des révolutions, l'ignorance révoltée a jeté parfois un cri de haine contre le génie, la faute n'en est pas seulement à la méchanceté envieuse de sa sottise, elle vient aussi de l'orgueil méprisant du savoir.

Hélas! j'ai trop oublié la fable des deux fils du magicien de Bagdad.

L'un, frappé par l'arrêt irrévocable du destin, était né aveugle, tandis que l'autre jouissait de toutes les joies que donne la lumière. Ce dernier, fier de ses avantages, raillait la cécité de son frère et dédaignait sa compagnie. Un matin que l'aveugle voulait sortir avec lui :

— A quoi bon, lui dit-il, puisque les dieux n'ont mis rien de commun entre nous? Pour moi, la Création est un théâtre où se succèdent mille décorations charmantes et mille acteurs merveilleux ; pour vous, ce n'est qu'un abîme obscur au fond duquel bruit un monde invisible. Demeurez donc seul dans vos ténèbres, et laissez les plaisirs de la lumière à ceux qu'éclaire l'astre du jour.

A ces mots, il partit, et le frère abandonné se mit à pleurer amèrement. Le père, qui l'entendit, accourut aussitôt et s'efforça de le consoler en promettant de lui accorder tout ce qu'il désirerait.

— Pouvez-vous me rendre la vue ? demanda l'enfant.

— Le sort ne le permet pas, dit le magicien.

— Alors, s'écria l'aveugle avec emportement, je vous demande d'éteindre le soleil.

Qui sait si mon orgueil n'a point provoqué le même souhait de la part de quelqu'un de mes frères qui ne *voient* pas ?

Mais combien plus souvent encore j'ai failli par imprudence et par légèreté ! Que de résolutions prises à l'aventure ! que d'arrêts portés dans l'intérêt d'un bon mot ! que de mal accompli faute de sentir ma responsabilité ! la plupart des hommes se nuisent les uns aux autres pour faire quelque chose. On raille une gloire, on compromet une réputation, comme le promeneur oisif, qui suit une haie, brise les jeunes branches et effeuille les plus belles fleurs. Et cependant notre irréflexion fait ainsi les renommées. Semblable à ces monuments mystérieux des peuples barbares auxquels chaque voyageur ajoutait une pierre, elles s'élèvent lentement ; chacun y apporte en passant quelque chose et ajoute au hasard, sans pouvoir dire lui-même s'il élève un piédestal ou un gibet. Qui oserait regarder derrière lui pour y relever ses jugements téméraires ?

Il y a quelques jours, je suivais le flanc des buttes vertes que couronne le télégraphe de Montmartre. Au-dessous de moi, le long d'un de ces sentiers qui tournent en spirale pour gravir le coteau, montaient un homme et une jeune fille sur lesquels mes yeux s'arrêtèrent. L'homme avait un paletot à longs poils qui lui donnait quelque ressemblance avec une bête fauve, et portait une grosse canne dont il se servait pour décrire dans l'air d'audacieuses arabesques. Il parlait très-haut, d'une voix qui me parut saccadée par la colère. Ses yeux, levés par instants, avaient une expression de dureté farouche, et il me sembla qu'il adressait à la jeune fille des reproches ou des menaces qu'elle écoutait avec une touchante résignation. Deux ou trois fois, elle hasarda quelques paroles, sans doute un essai de justification ; mais l'homme au paletot recommençait aussitôt avec ses éclats de voix convulsifs, ses regards féroces et ses moulinets menaçants. Je le suivis des yeux, cherchant en vain à saisir un mot au passage, jusqu'au moment où il disparut derrière la colline.

Évidemment, je venais de voir un de ces tyrans domestiques dont l'humeur insociable s'exalte par la patience de la victime, et qui, pouvant être les dieux bienfaiteurs d'une famille, aiment mieux s'en faire les bourreaux.

Je maudissais dans mon cœur le féroce inconnu, et je m'indignais de ce que ces crimes contre la sainte douceur du foyer ne pussent recevoir leur juste châtiment, lorsque la voix du promeneur se fit entendre de plus près. Il avait tourné le sentier et parut bientôt devant moi au sommet de la butte.

Le premier coup d'œil et les premiers mots me firent alors tout comprendre : là où j'avais trouvé l'accent furieux et les regards terribles de l'homme irrité, ainsi que l'attitude d'une victime effrayée, j'avais, tout simplement, un brave bourgeois obèse et gauche qui expliquait à sa fille attentive l'éducation des vers à soie.

Je m'en suis revenu, riant de ma méprise; mais, près de rejoindre mon faubourg, j'ai vu courir la foule, j'ai entendu des cris d'appel; tous les bras, tournés vers le même point, montraient, au loin, une colonne de flammes. L'incendie dévorait une fabrique, et tout le monde s'élançait au secours.

J'ai hésité. La nuit allait venir; je me sentais fatigué; un livre favori m'attendait; j'ai pensé que les travailleurs ne manqueraient pas, et j'ai continué ma route.

Tout à l'heure j'avais failli par défaut de prudence; maintenant, c'est par égoïsme et par lâcheté.

Mais quoi! n'ai-je point oublié en mille autres

occasions les devoirs de la solidarité humaine ?
Est-ce la première fois que j'évite de payer ce
que je dois à la société ? Dans mon injustice,
n'ai-je pas toujours traité mes associés comme
le lion ? Toutes les parts ne me sont-elles pas
successivement revenues ? Pour peu qu'un
malavisé en redemande quelque chose, je m'ef-
fraye, je m'indigne, j'échappe par tous les
moyens. Que de fois, en apercevant, au bout du
trottoir, la mendiante accroupie, j'ai dévié de
ma route, de peur que la pitié ne m'appauvrît,
malgré moi, d'une aumône ! Que de douleurs
mises en doute pour avoir le droit d'être impi-
toyable ! Avec quelle complaisance j'ai constaté,
parfois, les vices du pauvre, afin de transformer
sa misère en punition méritée !...

Oh ! n'allons pas plus loin, n'allons pas plus
loin ! Si j'ai interrompu l'examen du docteur,
combien celui-ci est plus triste ! Les maladies du

corps font pitié, celles de l'âme font horreur...

J'ai été heureusement arraché à ma rêverie par mon voisin le vieux soldat.

Maintenant que j'y pense, il me semble avoir toujours vu, pendant mon délire, cette bonne figure tantôt penchée sur mon lit, tantôt assise à son établi, au milieu de ses feuilles de carton.

Il vient d'entrer, armé de son pot à colle, de sa main de papier vert et de ses grands ciseaux. Je l'ai salué par son nom ; il a poussé une exclamation joyeuse et s'est approché.

— Eh bien, on a donc retrouvé sa *boule*? s'est-il écrié en prenant mes deux mains dans la main mutilée qui lui reste ; ça n'a pas été sans peine, savez-vous ! en voilà une campagne qui peut compter pour deux chevrons ! J'ai vu pas mal de fiévreux battre la breloque pendant mes mois d'hôpital : à Leipsick, j'avais un voisin qui se croyait un feu de cheminée dans l'estomac, et qui ne cessait d'appeler les pompiers; mais le troisième jour tout s'est éteint de soi-même, vu qu'il a passé l'arme à gauche, tandis que vous, ça a duré vingt-huit jours, le temps d'une campagne du petit caporal.

— Je ne me suis donc pas trompé, vous étiez près de moi.

— Parbleu ! je n'ai eu qu'à traverser le corridor. Ça vous a fait une garde-malade pas mal gauche, vu que la droite est absente; mais bah ! vous ne saviez pas de quelle main on vous faisait boire, et ça n'a pas empêché cette gueuse de fièvre d'être noyée.... absolument comme Poniatowski dans l'Elster.

Le vieux soldat s'est mis à rire, et moi, trop attendri pour parler, j'ai serré sa main contre ma poitrine. Il a vu mon émotion et s'est empressé d'y couper court.

— A propos, vous savez qu'à partir d'aujourd'hui on a le droit à la ration, a-t-il repris gaiement ; quatre repas comme les *meinhers* allemands, rien que ça ! C'est le docteur qui est votre maître d'hôtel.

— Reste à trouver le cuisinier, ai-je repris en souriant.

— Il est trouvé, s'est écrié le vétéran.

— Qui donc ?

— Geneviève.

— La fruitière ?

— Au moment où je vous parle, elle fricasse pour vous, voisin ; et n'ayez pas peur qu'elle épargne le beurre, ni le soin. Tant que vous avez été entre le *vivat* et le *requiem*, la brave femme passait son temps à monter ou à descendre les escaliers pour savoir où en était la bataille... Et, tenez, je suis sûr que la voici.

On marchait, en effet, dans le corridor; il est allé ouvrir.

— Eh bien ! a-t-il continué, c'est notre portière, la mère Millot; encore une de vos bonnes amies, voisin, et que je vous recommande pour les cataplasmes. Entrez, mère Millot, entrez, nous sommes tout à fait joli garçon ce matin, et prêt à danser un menuet si nous avions des pantoufles.

La portière est entrée toute ravie. Elle me rapportait du linge blanchi et réparé par ses soins, avec une petite bouteille de vin d'Espagne, cadeau de son fils le marin, réservé pour les grandes occasions. J'ai voulu la remercier; mais l'excellente femme m'a imposé silence sous prétexte que le docteur m'avait défendu de parler. Je l'ai vu tout ranger dans mes tiroirs, dont l'aspect m'a frappé : une main attentive y a évidemment réparé jour par jour, les désordres inévitables qu'entraîne la maladie.

Comme elle achevait, Geneviève est arrivée avec mon dîner; elle était suivie de la mère Denis, la laitière de vis-à-vis, qui avait appris, en même temps, le danger que j'avais couru et mon entrée en convalescence. La bonne Savoyarde apportait un œuf qui venait d'être pondu et qu'elle voulait me voir manger elle-même.

Il a fallu lui raconter, de point en point, toute ma maladie. A chaque détail, elle poussait des exclamations bruyantes; puis, sur l'avertissement de la portière, elle s'excusait tout bas. On a fait cercle autour de moi pour me regarder dîner; toutes les bouchées étaient accompagnées de cris de contentement et de bénédiction. Jamais le roi de France, quand il dînait en public, n'a excité, parmi les spectateurs, une telle admiration.

Comme on levait le couvert, mon collègue le vieux caissier est entré à son tour.

En le reconnaissant, je n'ai pu me défendre d'un battement de cœur. De quel œil les patrons avaient-ils vu mon absence, et que venait-il m'annoncer ?

J'attendais qu'il parlât avec une inexprimable angoisse; mais il s'est assis près de moi, m'a pris la main, et s'est mis à se réjouir de ma guérison, sans rien dire de nos maîtres. Je n'ai pu supporter plus longtemps cette incertitude.

— Et MM. Durmer ? ai-je demandé en hésitant, comment ont-ils accepté... l'interruption de mon travail ?

— Mais il n'y a pas eu d'interruption, a répondu le vieux commis tranquillement.

— Que voulez-vous dire ?

— Chacun s'est partagé la besogne, tout est

au courant, et les MM. Durmer ne se sont aperçus de rien.

Cette fois, l'émotion a été trop forte. Après tant de témoignages d'affection, celui-ci comblait la mesure ; je n'ai pu retenir mes larmes.

Ainsi les quelques services que j'avais pu rendre ont été reconnus au centuple ! j'avais semé un peu de bien, et chaque grain, tombé dans une bonne terre, a rapporté tout un épi. Ah ! ceci complète l'enseignement du docteur. S'il est vrai que les infirmités du dedans et du dehors sont le fruit de nos sottises ou de nos vices, les sympathies et les dévouements sont aussi des récompenses du devoir accompli. Chacun de nous, avec l'aide de Dieu et dans les limites bornées de la puissance humaine, se fait à lui-même son tempérament, son caractère et son avenir. . . . .

Tout le monde est reparti ; mes fleurs et mes

oiseaux, rapportés par le vétéran, me font seuls compagnie. Le soleil couchant empourpre de ses derniers rayons mes rideaux à demi-refermés. Ma tête est libre, mon cœur plus léger ; un nuage humide flotte sur mes paupières. Je me sens dans cette vague béatitude qui précède un doux sommeil.

Là-bas, vis-à-vis de l'alcôve, la pâle déesse aux draperies de mille couleurs et à la couronne effeuillée vient de m'apparaître de nouveau ; mais cette fois je lui tends la main avec un sourire de reconnaissance.

— Adieu, chère année, que j'accusais injustement tout à l'heure. Ce que j'ai souffert ne doit pas t'être imputé, car tu n'as été qu'un espace où Dieu a tracé ma route, une terre où j'ai recueilli la moisson que j'avais semée. Je t'aimerai, abri de passage, pour les quelques heures de joie que tu m'as vu goûter ; je t'aimerai même pour les souffrances que tu m'as vu subir. Joies ni souffrances ne viennent de toi, mais tu en as été le théâtre. Retombe donc en paix dans l'éternité et sois bénie, toi qui, en remplacement de la jeunesse, me laisse l'expérience, en retour du temps le souvenir, et en payement du bienfait la reconnaissance.

FIN

TABLE

		Pages
AVANT-PROPOS.		1
CHAPITRE I.	— Les Étrennes de la mansarde.	5
CHAPITRE II.	— Le Carnaval.	24
CHAPITRE III.	— Ce qu'on apprend en regardant par sa fenêtre.	47
CHAPITRE IV.	— Aimons-nous les uns les autres	67
CHAPITRE V.	— La Compensation.	89
CHAPITRE VI.	— L'oncle Maurice	112
CHAPITRE VII.	— Ce que coûte la puissance et ce que rapporte la célébrité.	139
CHAPITRE VIII.	— Misanthropie et repentir.	167
CHAPITRE IX.	— La Famille de Michel Arout.	189
CHAPITRE X.	— La Patrie.	218
CHAPITRE XI.	— Utilité morale des inventaires.	250
CHAPITRE XII.	— La Fin d'une année.	284

Clichy — Imp. Paul Dupont et Cie rue du Bac d'Asnières, 12.

MICHEL LÉVY FRÈRES, ÉDITEURS

OUVRAGES ILLUSTRÉS

L'ANNÉE TERRIBLE
Par VICTOR HUGO. 1 vol. grand in-8° raisin, illustré de 16 grands dessins de Flameng. Prix, broché, 10 fr.; demi-reliure chagrin, plats toile, doré sur tranches. Prix . . . . 14 fr.

LE DROIT CHEMIN
Par ÉMILE SOUVESTRE. 1 vol. grand in-8° jésus, illustré de 14 grands dessins par GEORGES FATH. Prix, 8 fr. broché; demi-reliure chagrin, plats toilé, doré sur tranches. Prix . . . . . . 12 fr.

JOURNAL D'UN HOMME HEUREUX
UN PHILOSOPHE SOUS LES TOITS (*Ouvrage couronné par l'Académie française*)
Par ÉMILE SOUVESTRE. 1 vol. grand in-8° jésus, illustré de 14 grands dessins par ADRIEN MARIE. Prix, 8 fr. broché; demi-reliure chagrin, plats toile, doré sur tranches. Prix . . . . . . 12 fr.

MISSION DE PHÉNICIE (1860-1861)
Par ERNEST RENAN. Planches exécutées sous la direction de M. THOBOIS, architecte. L'ouvrage se composera de 10 ou 12 livraisons. Chaque livraison, in-folio. Prix . . . . 10 fr.

L'AFRIQUE SAUVAGE
Nouvelles excursions au pays des Ashangos, par PAUL DU CHAILLU, avec illustrations et cartes. 1 vol. très-grand in-8°. Prix, broché, 15 fr.; demi-reliure chagrin, plats toile, doré sur tranches. Prix . . . . 20 fr.

VOYAGES ET AVENTURES DANS L'AFRIQUE ÉQUATORIALE
Mœurs et coutumes des habitants. — Chasses au Gorille, au Crocodile, au Léopard, à l'Éléphant, à l'Hippopotame, etc., par PAUL DU CHAILLU, membre correspondant de la Société géographique de New-York, de la Société d'histoire naturelle de Boston et de la Société ethnographique américaine; avec illustrations et cartes. Édition française, revue et augmentée, 1 vol. très-grand in-8°. Prix, broché, 15 fr.; demi-reliure chagrin, plats toile, doré sur tranches. Prix . . . . 20 fr.

LES MERVEILLES DE LA NUIT DE NOEL
Récits fantastiques du foyer breton, par ÉMILE SOUVESTRE, illustrées par TONY JOHANNOT, O. PENGUILLY, A. LELEUX, C. FORTIN et SAINT-GERMAIN. 1 vol. grand in-8°. Prix, broché, 8 fr.; demi-reliure chagrin, plats toile, doré sur tranches. Prix . . . . 12 fr.

CONTES D'UN VIEIL ENFANT
Par FEUILLET DE CONCHES, 2ᵉ édition, imprimée avec le plus grand soin, illustrée de 35 gravures sur bois. 1 vol. grand in-8° jésus, papier de choix, glacé et satiné. Prix, broché, 8 fr.; richement relié, tranches dorées. Prix . . . . 12 fr.

SCÈNES DU JEUNE AGE
Par Madame SOPHIE GAY, illustrées de 12 belles gravures exécutées avec le plus grand soin. 1 vol. grand in-8°. Prix, 6 fr.; demi-reliure chagrin, plats toile, tranches dorées. Prix . . . . . 10 fr.

LE ROYAUME DES ENFANTS, SCÈNES DE LA VIE DE FAMILLE
Par Madame MOLINOS LAFITTE, illustré de 12 belles gravures par FATH. 1 vol. grand in-8°, Prix, 6 fr.; demi-reliure chagrin, plats toile, tranches dorées. Prix . . . . 10 fr.

PARIS AU BOIS
Par E. GOURDON, illustré de 16 gravures hors texte, par E. MORIN. 1 magnifique vol. grand in-8°. Prix, 10 fr.; plats toile, fers spéciaux, tranches dorées. Prix . . . . 12 fr.

LE FAUST DE GŒTHE, SUIVI DU SECOND FAUST
Traduction revue et complète, par GÉRARD DE NERVAL; édition illustrée de 9 vignettes de TONY JOHANNOT et d'un nouveau portrait de Gœthe, gravés sur acier par LANGLOIS, et tirés sur papier de Chine. 1 vol. grand in-8°. Prix, broché, 8 fr.; demi-reliure chagrin, plats toile, doré sur tranches. Prix . . . . 12 fr.

THÉATRE COMPLET DE VICTOR HUGO
1 vol. grand in-8°, orné du portrait de Victor Hugo et de 6 gravures sur acier, d'après les dessins de RAFFET, L. BOULANGER, J. DAVID, etc. Prix, broché, 6 fr. 50; demi-reliure chagrin, plats toile, doré sur tranches. Prix . . . . 11 fr.

JÉROME PATUROT A LA RECHERCHE DE LA MEILLEURE DES RÉPUBLIQUES
Par LOUIS REYBAUD, illustré par TONY JOHANNOT. 1 vol. très-grand in-8°, contenant 160 vignettes dans le texte et 30 types. Prix, broché, 15 fr.; demi-reliure chagrin, plats toile, doré sur tranches. Prix . . . . 20 fr.

L'ASSEMBLÉE NATIONALE COMIQUE
180 dessins inédits de CHAM, texte par A. LIREUX. 1 vol. très-grand in-8°, Prix, broché, 14 fr.; demi-reliure chagrin, plats toile, doré sur tranches. Prix . . . . 20 fr.

LE 101ᵉ RÉGIMENT
Par JULES NORIAC, 1 vol. grand in-16, illustré de 84 dessins. Prix, broché, 4 fr. 50; demi-reliure chagrin, plats toile, doré sur tranches. Prix . . . . 7 fr.

LA DAME DE BOURBON
Par MARY LAFON. 1 vol. grand in-16, illustré de 45 dessins. Prix, broché, 5 fr.; demi-reliure chagrin, plats toile, doré sur tranches, Prix . . . . 7 fr.

ILLUSTRATIONS DE GUSTAVE DORÉ

LES AVENTURES DU CHEVALIER JAUFFRE
Par MARY LAFON. 1 vol. grand in-8° jésus, papier glacé satiné, splendidement illustré de 20 gravures sur bois tirées à part. Prix, broché, 7 fr. 50; demi-reliure chagrin, plats toile, tranches dorées. Prix . . . . 12 fr.

FIERABRAS
Par MARY LAFON. 1 vol. grand in-8° jésus, papier de choix, glacé et satiné, imprimé avec le plus grand soin, illustré de 12 gravures sur bois tirées hors texte et gravées par des artistes anglais. Prix, broché, 7 fr. 50; demi-reliure chagrin, plats toile, tranches dorées. Prix . . . . . . 12 fr.

LA CHASSE AU LION
Par JULES GÉRARD (*le Tueur de lions*). 1 vol. grand in-8° jésus, orné de 11 belles gravures et d'un portrait. Prix, broché, 7 fr. 50; demi-reliure chagrin, plats toile, tranche dorée. Prix . . . 12 fr.

CONTES D'UNE VIEILLE FILLE A SES NEVEUX
Par Madame ÉMILE DE GIRARDIN. 1 vol. grand in-8°, illustré de 14 gravures sur bois tirées hors texte. Prix, broché, 8 fr.; demi-reliure chagrin, plats toile, tranche dorée. Prix . . . . 12 fr.

Clichy. — Imp. Paul DUPONT et Cⁱᵉ, rue du Bac-d'Asnières, 12.

www.ingramcontent.com/pod-product-compliance
Lightning Source LLC
Chambersburg PA
CBHW050748170426
43202CB00013B/2340